荆楚文庫

（康熙）赤壁志

（清）賈鋐 輯撰

（光緒）隨州八景圖考

（清）文齡 撰修

（民國）沙湖志

任桐 輯著

荆楚文庫編纂出版委員會

湖北人民出版社

荆楚文庫

〔康熙〕赤壁志
KANGXI CHIBI ZHI

〔光緒〕隨州八景圖考
GUANGXU SUIZHOUBAJING TUKAO

〔民國〕沙湖志
MINGUO SHAHU ZHI

圖書在版編目（CIP）數據

〔康熙〕赤壁志 /〔清〕賈鋐輯撰.〔光緒〕隨州八景圖考 /〔清〕文齡撰修.〔民國〕沙湖志 / 任桐輯著.
武漢：湖北人民出版社，2023.2
ISBN 978-7-216-10630-6
Ⅰ. ①康…②光…③民…
Ⅱ. ①賈…②文…③任…
Ⅲ. ①名胜古迹－史料－黄岡②名勝古迹－史料－隨州－清代③武漢－地方志
Ⅳ. ①K928.71 ②K296.35
中國國家版本館CIP數據核字（2023）第026804號

責任編輯：陳　典
整體設計：范漢成　曾顯惠　思　蒙
美術編輯：董　昀
責任校對：范承勇
責任印製：王鐵兵
出版發行：湖北人民出版社（中國・武漢）
地址：武漢市雄楚大道268號
電話：(027)87679656　郵政編碼：430070
録排：武漢鑫偉創圖文設計有限公司
印刷：湖北新華印務有限公司
開本：787mm×1092mm　1/16
印張：33.5
字數：463千字
版次：2023年2月第1版　2023年2月第1次印刷
定價：198.00元

ISBN 978-7-216-10630-6
9 787216 106306 >

《荆楚文庫》工作委員會

主　　任：王蒙徽

副 主 任：李榮燦　許正中

成　　員：韓　進　張世偉　丁　輝　鄧務貴　黄劍雄

李述永　趙淩雲　謝紅星　劉仲初

辦公室

主　　任：鄧務貴

副 主 任：趙紅兵　陶宏家　周百義

《荆楚文庫》編纂出版委員會

主　　任：王蒙徽

副 主 任：李榮燦　許正中

總 編 輯：馮天瑜

副總編輯：熊召政　鄧務貴

編委（以姓氏筆畫爲序）：朱　英　邱久欽　何曉明

周百義　周國林　周積明　宗福邦　郭齊勇

陳　偉　陳　鋒　張建民　陽海清　彭南生

湯旭巖　趙德馨　劉玉堂

《荆楚文庫》編輯部

主　　任：周百義

副 主 任：周鳳榮　周國林　胡　磊

成　　員：李爾鋼　鄒華清　蔡夏初　王建懷　鄒典佐

梁瑩雪　丁　峰

美術總監：王開元

出版説明

湖北乃九省通衢，北學南學交會融通之地，文明昌盛，歷代文獻豐厚。守望傳統，編纂荆楚文獻，湖北淵源有自。清同治年間設立官書局，以整理鄉邦文獻爲旨趣。光緒年間張之洞督鄂後，以崇文書局推進典籍集成，湖北鄉賢身體力行之，編纂《湖北文徵》，集元明清三代湖北先哲遺作，收兩千七百餘作者文八千餘篇，洋洋六百萬言。盧氏兄弟輯録湖北先賢之作而成《湖北先正遺書》。至當代，武漢多所大學、圖書館在鄉邦典籍整理方面亦多所用力。爲傳承和弘揚優秀傳統文化，湖北省委、省政府決定編纂大型歷史文獻叢書《荆楚文庫》。

《荆楚文庫》以『搶救、保護、整理、出版』湖北文獻爲宗旨，分三編集藏。

甲、文獻編。收録歷代鄂籍人士著述，長期寓居湖北人士著述，省外人士探究湖北著述。包括傳世文獻、出土文獻和民間文獻。

乙、方志編。收録歷代省志、府縣志等。

丙、研究編。收録今人研究評述荆楚人物、史地、風物的學術著作和工具書及圖册。

文獻編、方志編録籍以一九四九年爲下限。

研究編簡體横排，文獻編繁體横排，方志編影印或點校出版。

《荆楚文庫》編纂出版委員會

二〇一五年十一月

總目録

〔康熙〕赤壁志……一
〔光緒〕隨州八景圖考……二五九
〔民國〕沙湖志……三〇三

荆楚文库

〔康熙〕赤壁志

〔清〕賈鈜 輯撰

《荆楚文庫·方志編》編纂組

組　　長：劉偉成　陽海清（執行）

副 組 長：劉傑民（執行）　王　濤　謝春枝　郝　敏　嚴繼東　范志毅（執行）

參編人員（以姓氏筆畫爲序）：

王　濤　李云超　宋澤宇　范志毅　郝　敏　柳　巍　馬盛南

陳建勛　夏漢群　梅　琳　陽海清　彭余焕　彭筱瀓　楊　萍

楊愛華　劉偉成　劉傑民　劉水清　謝春枝　戴　波　嚴繼東

編　　審：周　榮

顧　　問：沈乃文　李國慶　吴　格

前言

《〔康熙〕赤壁志》不分卷，清賈鉝輯撰，清康熙三十七年（一六九八）刻本。内封鎸『赤壁志 本府藏板』，有賈鉝刊語。厲鶚於卷首題記並在正文批校。是本鈐多方收藏印，遞藏有序。

賈鉝，原名賈鉉，避康熙諱改名鉝，字玉萬，號可齋、祖臺，别號百石翁老人，河東（今山西臨汾）人，鑲藍旗漢軍，監生。擅詩工畫，著有《赤壁志》《百石圖題辭》《百石圖跋》《畫竹題識》，繪有《百石圖》《太華全圖》等。厲鶚，字太鴻，又曾字雄飛，號樊榭，又自號花隱，浙江錢塘（今杭州）人，康熙五十九年（一七二〇）舉人。

赤壁古名赤嶼，位於黄州（今黄岡市黄州區），三面臨江，東南向附於城，初不隸諸山，因蘇軾二賦而顯。清康熙三十三年（一六九四）六月，賈鉝任黄州知府，公暇留心造訪遺迹，見前人所修廊殿傾頽，古風荒蕪，心生惻隱，遂急捐俸禄，修葺一新，增修佈置，引四方雲集來游。工既竣，惜赤壁名勝無志以傳，乃萃編仕宦文人詩文，並繪圖其首。康熙三十七年，付諸棗梨並於内封刊語稱『赤壁向無志書，余亟爲修葺，網羅傑作，亦既成編。但四方賢豪篇什不少，將遍求鋟棗，而適有巡驛秦中之行，倉猝畢工，不無遺珠之憾。後有同志嗣而葺之，佇見犁然美備也』。

是志無目録，有序言三篇，分别爲廣濟人金德嘉之《赤壁志序》及賈鉝自序和後序，又有赤壁圖五幅，圖末附厲鶚墨筆題記。正文以蘇軾《前赤壁賦》《後赤壁賦》《滿庭芳詞》《臨江仙詞》等赤壁詞賦爲始，其次以時代爲序，至清康熙朝，收録一百三十餘位歷代仕人學子游歷黄州赤壁題咏唱和、憑吊懷古所寫詩文。其中《登赤壁磯》，亦有厲鶚墨筆考校。此本乃賈鉝舊藏，後經厲鶚、丁日昌、劉承幹、復旦大學圖書館遞藏。

兹據復旦大學圖書館藏清康熙三十七年刻本影印。（楊愛華）

目録

序……九
圖……二九
赤壁詩文……四一

赤壁志

本府藏板

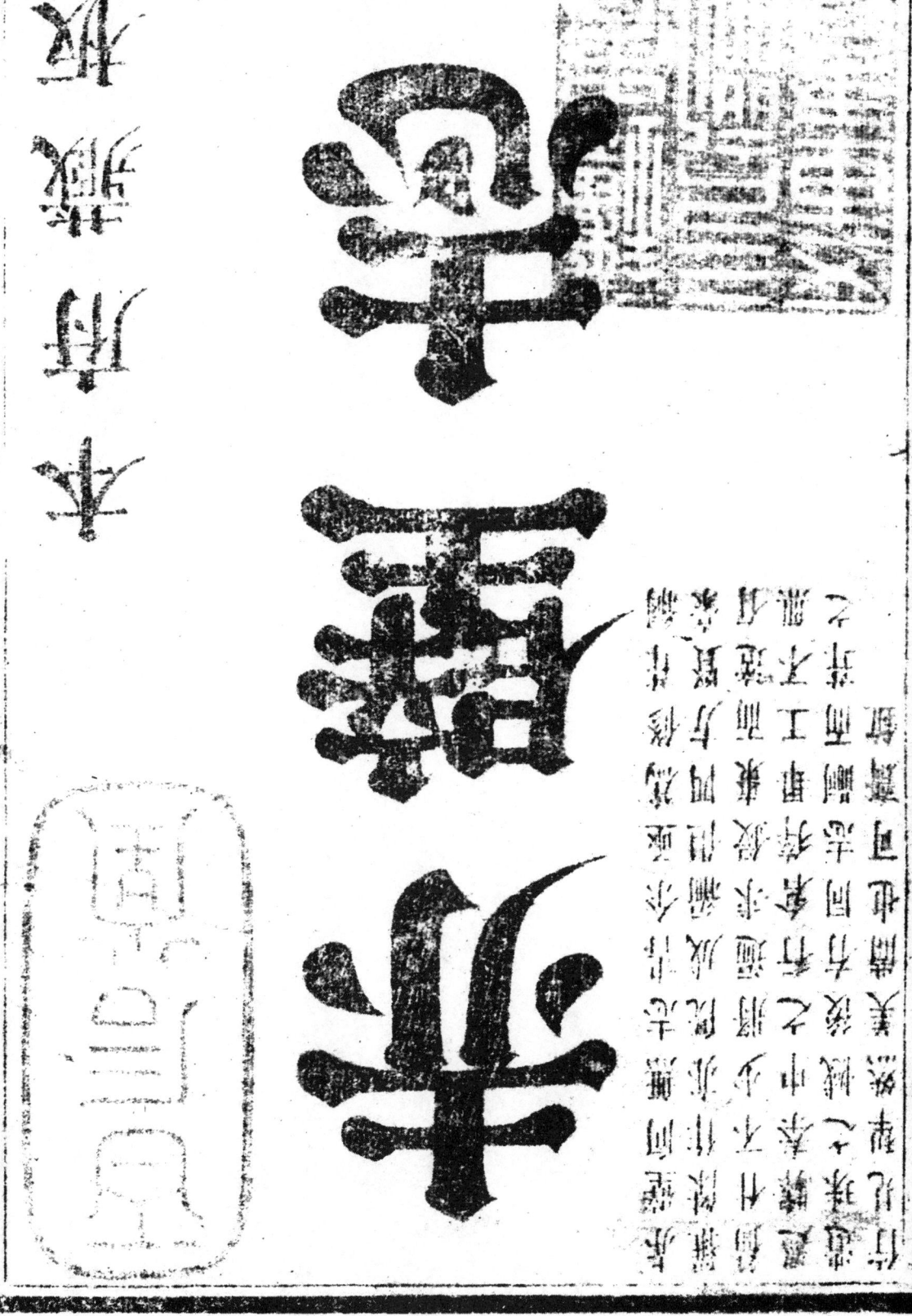

赤壁向無志書余亟爲修葺網羅陳迹亦既成編但四方賢豪篇什不少將遍求彼兼而適有遐轔秦中之行倉猝畢工不無遺珠之憾後有同志嗣而葺之俾見犁然美備也可齋鈕

赤壁志序

黃州之有赤鼻山桑經酈注備矣經曰江水又左逕赤鼻山南注曰山臨側江川經曰又東逕西陽郡南郡治郎西陽縣注曰晉書地道記以爲

弦子國也山之紀載章章如是蘇公賦乃及周郎戰孟德事即經江水左逕烏林南注吳黃蓋破魏武於烏林處也夫博物如蘇公豈於水經注而忘諸蓋前賦寓言耳後賦

江流有聲斷岸千尺山高月
小水落石出後人諷之猶如
公洒翰雪堂唱大江東去時
也公言語文章妙天下所過
名山大川咸賴之以不朽西
自岷峩東至陽羨北中山南

儋耳館閣中州京華紀述都徧而赤鼻以兩賦特聞公之之黄豈惟黄人賴之抑亦赤鼻之幸也其賦以元豐五年壬戌之七月十月其量移汝州以元豐七年甲子之四月

到于今踰十一甲子矣搢紳章縫之産於黄者中朝士大夫之宦於黄者四方騷人學子之客於黄者登臨題咏益無虛日云然郡有志赤鼻無專志自

河東賈公可齋守黄垂四載而
志成則山水亭臺祠宇人物
題畫金石藝文犂如也燦如
也　公以治行課最超遷陜
以西觀察使行有日余讀赤
巘志而韙之歎曰郡以赤巘

山而傳也赤崥以端明賦而
傳也端明又以賈公之志而
傳也語曰後來居上信然哉
公以清靜寧謐爲理退食常
多暇志乃搠前賢所未有而
余以爲二千石政平訟簡樹

循郡縣而民安吏習者實由

我

皇上久道化成涵濡長養如天不

言而四時行百物生故膏澤

天壤並渥而文章煥乎可述

直與唐虞三代同風也擊壤

之歌总帝力而简册烂焉余

尝承乏史官与脩

大清一统志今者詹詹之言岂直

为太守颂勤诸枣梨与赤嶂

金寿千古可也

康熙三十有七年岁次戊寅

孟夏月下浣之吉治年家弟

金德嘉拜撰

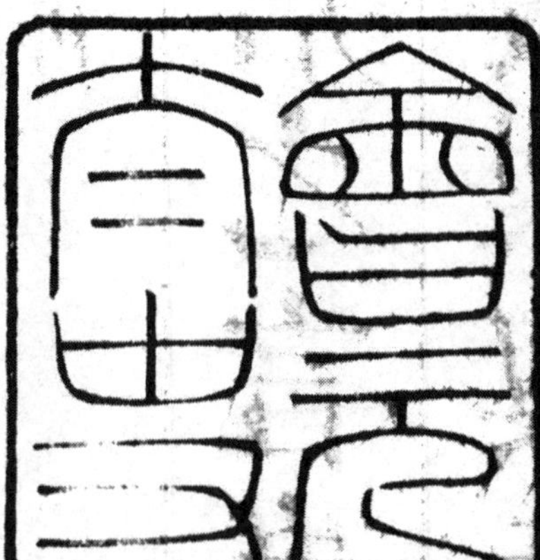

赤壁志序

自來名山必挾大川相爲映帶而形勝始全赤壁較五嶽一拳耳然其名著天下則不特東坡二賦表章之力抑濱大江附高墉有奇偉絕特之勢也余向在

京華每讀壬戌二文心爲飛動
益童年已然又見友人畫幢䇿
予有赤壁圖者必瞠目久之欲
身置其中而不可得甲戌之夏
奉
簡命來黄始與相識若平生舊交

也公餘登眺心曠神怡山靈面目若含笑相迎者古人云寒山片石差堪共語良不誣矣山有二賦堂爲于清端公守黃時建於時兩廡亦將圮矣惻然心動載尋古蹟半入荒烟蔓草譬諸

各士而枯槁藍縷于心忍乎爰
急捐俸葺而新之兼營翫月臺
以冠其巔而周環階級之類加
布置焉美哉輪奐矣夫赤壁勝
遊地也四方遊覽之士雲集波
委於此若使披榛棘而坐風雨

不且爲髯翁撫掌耶此增脩之不可緩也工既竣無志以傳之尤缺典耳乃向無赤壁志者則何歟爰裒集游攬諸什録爲一編而繪圖其首今而後開卷如在目前俾世之聞聲相思者見

志如見山即家有一赤壁可也
更不必從友人畫幢篷子瞠目
矣是爲序
皇清康熙戊寅清和月下澣三日
知黄州府事
欽點陝西分巡驛傳道按察使司

副使加三級河東賈鉝可齋父

撰

赤壁不隸於諸山其名著自東坡原名赤嶨三面濱江東南附麗於城在郡治西城外出城扉一里而遥舊有放鶴東白諸亭今無存者惟二賦堂爲于清端公守黄時所建余自康熙甲戌夏六月涖黄廓廡垂傾甃礫滿徑幾爲芻牧地爰葺而新之加布置焉堂西偏有睡仙亭剪刀峰放龜亭諸勝東有王公書院依級而上有酹江亭其頂有翫月臺東有于清端公祠下有晏公廟諸勝層巒曲磴高下轉折不窮稍東南俯湖數頃盛夏菡萏如錦碑碣林立欄檻掩映煥

然加於古制矣東坡所言鏖兵處在嘉魚非此山也抑或別有古戰場而托興及之與皆不可考夏秋江泛水嚙山足舟可抵麓水落則沙地耳山如渥丹延袤五六百武蓋奇觀也

赤壁圖

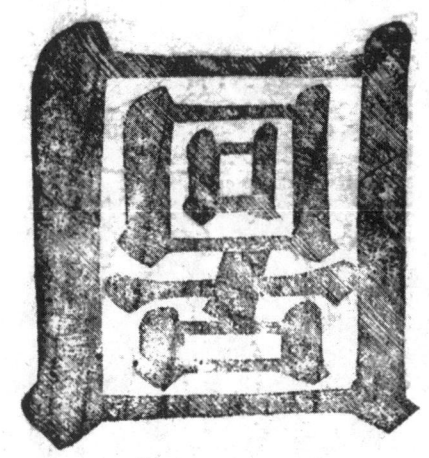

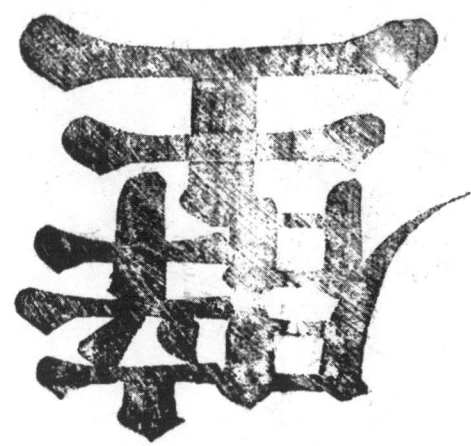

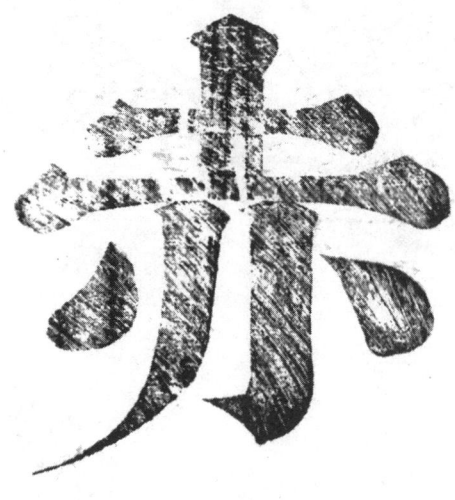

赤壁南

赤壁北

赤壁圖　二

面之圖

赤壁東

赤壁圖 三

西之圖

赤壁西

西之圖

卡薩圖

圖

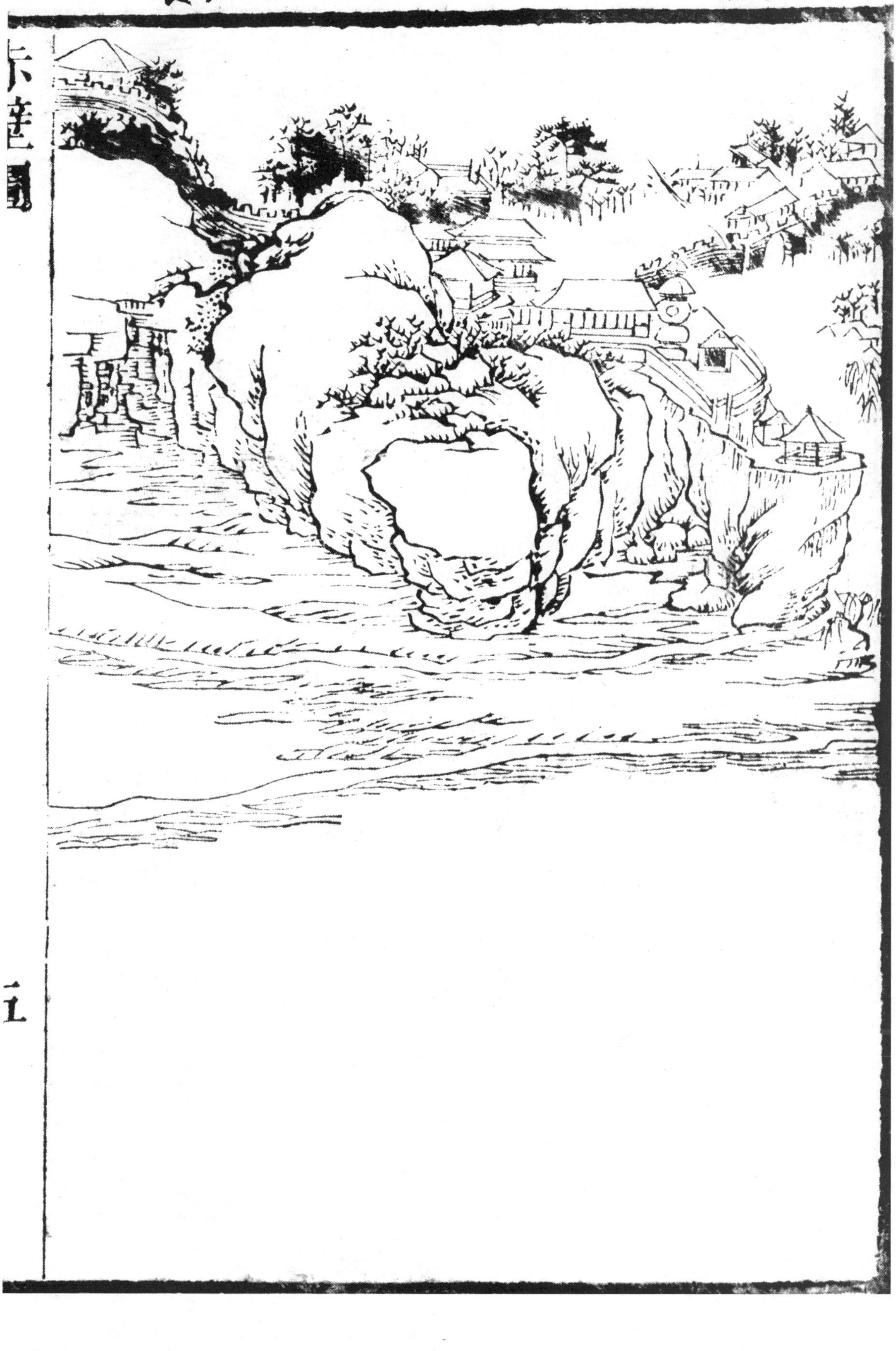

赤壁

總圖

赤壁圖

赤壁迤東附城大江環抱變態不一繪四圖以
別之使覽者如指掌焉復爲總圖以定正位而
山靈之奇盡矣南面圖爲余自繪北面圖吳門
高澹游簡繪東面圖金閶曹子岳瀾繪西面圖
嘉興俞東野浩繪總圖會稽金湛斯莖繪四子
皆名士也可齋賈鉝識

赤壁向無志，康熙戊寅修自賈黃州鉝，攜中所載宋韓駒七言律一首，乃北宋
韓駒子蒼詩。子蒼靖康中守黃，三月而罷，因游赤壁，而悵鶴已去，作詩示州
人。何次道、迂叟何廷史亦有答之，中俱及鶴巢，見吳虎臣《能改齋漫録》。今諸駒
作韓駒，以北宋作南宋，而何詩復不録。此一條乃赤壁佳事佳詩，繆誤如
此，則其他采輯之闕漏可知矣。繪圖詳赤壁四面，殊令人攬挹不盡。
賈君工小篆，菉竹姚太史曾有絶句題其畫。荷一麾出守，留心前賢
古蹟如此，非俗吏所能爲也。雍正十一年四月晦日雨中，杭人厲
鶚書于南湖漁艓

前赤壁賦

壬戌之秋七月既望蘇子與客泛舟遊於赤壁之下清風徐來水波不興舉酒屬客誦明月之詩歌窈窕之章少焉月出於東山之上徘徊於斗牛之間白露横江水光接天縱一葦之所如凌萬頃之茫然浩浩乎如馮虛御風而不知其所止飄飄乎如遺世獨立羽化而登仙於是飲酒樂甚扣舷而歌之歌曰桂棹兮蘭槳擊空明兮泝流光渺渺兮予懷望美人兮天一方客有吹洞簫者倚歌而和之其聲嗚嗚然如怨如慕

赤壁志

如泣如訴餘音嫋嫋不絕如縷舞幽壑之潛蛟泣孤舟之嫠婦蘇子愀然正襟危坐而問客曰何爲其然也客曰月明星稀烏鵲南飛此非曹孟德之詩乎西望夏口東望武昌山川相繆鬱乎蒼蒼此非孟德之困於周郎者乎方其破荆州下江陵順流而東也舳艫千里旌旗蔽空釃酒臨江横槊賦詩固一世之雄也而今安在哉況吾與子漁樵於江渚之上侶魚鰕而友麋鹿駕一葉之扁舟舉匏樽以相屬寄蜉蝣於天地渺滄海之一粟哀吾生之須臾羡長江之無窮

挾飛仙以遨游抱明月而長終知不可乎驟得託遺響於悲風蘇子曰客亦知夫水與月乎逝者如斯而未嘗往也盈虛者如彼而卒莫消長也蓋將自其變者而觀之則天地曾不能以一瞬自其不變者而觀之則物與我皆無盡也而又何羨乎且夫天地之間物各有主苟非吾之所有雖一毫而莫取惟江上之淸風與山間之明月耳得之而爲聲目遇之而成色取之無禁用之不竭是造物者之無盡藏也而吾與子之所共適客喜而笑洗盞更酌肴核旣盡杯盤狼

籍相與枕藉乎舟中不知東方之既白

後赤壁賦

是歲十月之望步自雪堂將歸於臨皐二客從予過黄泥之坂霜露既降木葉盡脱人影在地仰見明月顧而樂之行歌相荅已而歎曰有客無酒有酒無殽月白風清如此良夜何客曰今者薄暮舉網得魚巨口細鱗狀如松江之鱸顧安所得酒乎歸而謀諸婦婦曰我有斗酒藏之久矣以待子不時之需於是携酒與魚復遊於赤壁之下江流有聲斷岸千尺山高月小水落

石出曾日月之幾何而江山不可復識矣予乃攝衣而上履巉巖披蒙茸踞虎豹登虬龍攀栖鶻之危巢俯馮夷之幽穴葢二客不能從焉劃然長嘯草木震動山鳴谷應風起水湧予亦悄然而悲肅然而恐凛乎其不可留也反而登舟放乎中流聽其所止而休焉時夜將半四顧寂寥適有孤鶴横江東來翅如車輪玄裳縞衣戛然長鳴掠予舟而西也須臾客去予亦就睡夢一道士羽衣翩躚過臨皐之下揖予而言曰赤壁之遊樂乎問其姓名俛而不荅嗚呼噫嘻我

知之矣疇昔之夜飛鳴而過我者非子也耶道士顧笑予亦驚悟開戶視之不見其處

滿庭芳詞

歸去來兮吾歸何處萬里家在岷峨百年強半來日苦無多坐見黄州載閏兒童盡楚語吳歌山中友雞豚社飲相勸老東坡　云何當此際人生底事來往如梭待閒看秋風洛水清波好在堂前細柳應念我莫剪柔柯仍傳語江南父老時與曬漁蓑

臨江仙詞

九十日春都過了貪忙何處追遊三分春色一分愁雨翻榆莢陣風轉柳花毬　閬苑先生須自責蟠桃動是千秋不知人世苦厭求東皇不拘束肯爲使君留

行香子詞

清夜無塵月色如銀酒斟時須滿十分浮名浮利休苦勞神似隙中駒石中火夢中身　雖抱文章開口誰親且陶陶樂取天眞幾時歸去作箇閑人背一張琴一壺酒一溪雲

念奴嬌詞

大江東去浪淘盡千古風流人物故壘西邊人
道是三國周郎赤壁亂石穿空驚濤拍岸捲起
千堆雪江山如畫一時多少豪傑　遥憶公瑾
當年小喬初嫁了雄姿英發羽扇綸巾談笑間
檣艣灰飛烟滅故國神遊多情應念我早生華
髮人間如夢一樽還酹江月

登赤壁磯　　宋韓駒

緩尋翠竹白沙遊更挽藤稍上上頭豈有危巢
與棲鶻亦無陳迹但飛鷗經營二項將歸老眷
戀羣山爲少留百日使君何足道空餘詩句在

蒼韓使君子
蒼赤壁之作
郡人何廷
叟次仲
兒時宗伯寄吾
州諷誦高文至
白頭二賦人間
真吐鳳五年溪
上不發鷗鷗鷺盟
見水人猜怒鷗
有危巢孰敢
留珍重使君詩
故隊西風悵望
古城樓 時單紹乙去

江州棧

赤壁　林希逸

周郎二十四年少葢世功名隨一燎請題三萬
走曹瞞不以敵勁恨兵少豫州失箸已膽折一
日目明驚二妙最憐黄葢不知兵吏士相從倚
營嘯阿奴火攻本無策破竹自繇人不料貪降
納侮理固宜泥滓華容幾盡勦古來行師有絶
地毋乃重貽千古笑鏁堪總是差可忍鼎峙詎
關謀所召二喬春鎖何足言從此天光遂分耀
我聞漢賊久染指奮毒擕牙噬江表八荒囊括

豈復遺一蹴吳宮已爲沼當時乘勝下部騎考
地當居楚南徼掌衝逆闘須上流揖盜那容越
津要武昌覇基跬足耳肯使國幾紛戰旄坡仙
訪古特寓意横槊雄姿誰與予故將異地眩詞
賦政恐因訛啟譏誚滄浪六月卷晴雪歷歷江
山人物眇嵌空亂石今幾存彷彿棲巢尚驚鳥
夜漩刁斗聲四發星斗滿空羣籟悄便須喚起
紫綺裘孤鶴南天楚江曉

讀赤壁賦　　文天祥

一嘯滄波浩浩流隻鷄斗酒更扁舟八龍寫作

詩中案、孤鶴來爲夢裏遊、楊柳遠烟來北府、蘆
花星月對南樓、玉仙來往清風夜、還識江山似
舊不、

赤壁圖爲胡允中賦元僧蒲菴禪師

江空水落寒無波倚天赤壁高嵯峨雪堂老蘇
從二客携酒夜載扁舟過中流扣舷發棹歌行
酒不飲當如何鱖魚三尺鱠白雪臨風細酌金
叵羅酒酣耳熱歌再起直溯空明三百里一聲
孤鶴横江來明月在天天在水酹酒呼嫦娥仰
天聽天語洞簫吹徹廣寒秋郡挾飛仙共高舉

人生行樂須及時昨日少壯今日衰功名自昔
等炊黍英雄徒爲曹瞞悲書史獨何心丹青托
千載江雲山月想登臨彷彿圖中見風采後來
遊賞豈乏賢文章不奪元祐前萬金詞賦爛星
斗追逐騷雅光聯翩先生别去陵谷遷漠漠宇
宙迷荒烟臨皐鶴夢得可仙誰同此樂消閒年

睡仙亭　　秋水道人

我醉憑爾眠我醒扣爾歌瑳瑳白玉几賴爾樂
情多

夜泛赤壁　　楊維中

暫艤清江舸來登赤壁山怒虬松偃耿潄玉水
潺湲明月尊前色丹崖戰後顔高城催暮角醉
倚棹歌還

赤壁歌　　明　吳寬

江流東繞千尺堤山鶻上結危巢棲遊人夜半
放舟過舉酒試說曹征西征西當年下江漢八
十萬軍盡貔虎眼中見慣劉琮徒吳蜀區區何
足數舳艫相銜千里連氣吞孫劉欲衡天豈知
策士已旁笑笑彼遠來非萬全長江之險人能
共不獨阿瞞兵可弄東吳會獵尺書馳權也難

將首親送帳底拔刀軍令行如此英雄安足驚
周瑜早已借前箸黃蓋何曾論五兵五兵爭如
一炷火北軍敗走南軍坐紛紛爆荻與枯柴乗
取便風纔十舸波濤起立半天紅強艣灰飛一
夕空平生親手詮孫子未信水軍能火攻誰云
此行纔足耻更閗裏瘠歸消水玄武池頭計已
竦銅雀臺高墳上起當今四海爲一家三國爭
雄眞可嗟尚想綸巾巡壘堞猶將折戟洗泥沙
武昌夏口東西路畫史分明入毫素空餘赤壁
付遊人巖得坡仙作詞賦

赤壁歌　　方孝孺

東夏口西武昌赤壁峭絶當中央奸雄將軍氣蓋世敗卒零落慚周郎得鱸魚沽美酒孰若黄州蘇子贍謫向江湖動星斗噫吁嚱曹公氣勢蘇子文章人物銷鑠塵跡荒涼惟有江山千古萬古空流長

重修東坡詞記　　吳琛

宋儒蘇軾子瞻以元豐二年己未三月自彭城移守吳興四月二十九日抵任上表以謝又以事不便民者不敢言以詩托諷庶有補於國御

史李定舒亶何正言摭其表語并媒孽所爲詩
以爲訕謗逮赴臺獄欲寘之死鍛鍊久之不决
神宗獨憐之以十二月二十九日責授黃州團
練副使本州安置三年庚申二月一日至黃寓
居定惠院未幾遷臨臯亭幅巾芒屩與田父野
老相從溪谷間五年壬戌就亭東坡築雪堂自
號東坡居士七月遊赤壁作赤壁賦十月又遊
之作後赤壁賦祝君澤評其前賦瀟灑神奇出
塵絕俗如乘雲馭風而立乎九霄之上俯視六
合何物菸菸後賦如人影在地仰見明月及江

流有聲斷岸千尺山高月小水落石出等句更是賦景物妙處是時神宗數有意復用輒爲當路者沮之遂手札徙汝哲宗即位復知登州尋召爲禮部郎中自是或內任或外補其忠義惠政表表於時卒誣以誹訕安置惠州大臣以流竄爲未足復以瓊州別駕安置昌化繼遇赦北還於常遂卒然東坡之名尚在赤壁之賦未泯後守黃者仰其流風思其過化乃於赤壁之上立祠肖像以時祀之歲久祠宇就敝未有飭者成化辛卯冬侍御建安江本達弭節湖湘滿期

適侍御淳安王用之來代二妙皆文士也同會
於黃謁於祠覩敝弗稱乃捐廩措錢召命黃守
俞諾別駕沈璧倅龔鑑張英推余貫圖而新之
更令礱珉刻二賦立於祠以聳觀瞻韋官如命
遂飾祠勒石事竟二侍御以余叨臺長承乏於
兹欲一言以紀其意嗚呼余何敢言蓋先生文
章光乎日月道德巍乎山斗功業昭乎汗簡聲
名垂於宇宙奚假鄙言以爲增飾雖然表先賢
之祠壽著作之文使人心敬仰士習景效此觀
風使者盛事故雖衛陋亦勉言以暴之抑嘗考

史臣論曰蘇軾自弱冠時父子兄弟至京師一日而聲名赫然動於四方旣而登上第擢詞科入掌書命出典方州器識之閎偉議論之卓犖文章之雄雋政事之精明四者皆能以特立之志爲之主而以邁往之氣輔之故意之所向言足以達其有猷行足以遂其有爲至於禍患之來節義足以固其有守皆志與氣所爲也仁宗初讀軾轍制策退而喜曰朕今日爲子孫得兩宰相矣神宗尤愛其文宮中讀之膳進忘食稱爲天下奇才二君皆有以知軾而軾卒不得大

用豈非軾之所長不可掩抑者天下之至公也相與不相有命焉噫軾不得相又豈非幸與當時之相如王安石呂惠卿章惇蔡確雖曰把握鈞衡隆赫權勢視於軾則戚戚矣百世之下仰者慕者軾重而諸公輕又以見人心公道古今同一致也過於祠下者宜考於斯毋忽

赤壁　　方逢時

危磯巉嵲倚高江人道曹劉舊戰場往事已隨寒浪滅遺堂惟有暮山長雲霞尚帶當年赤蘆荻空餘落日黃欲弔英雄千古恨漁歌簫瑟弄

斜陽

赤壁夜泊　羅洪先

五百年來此地遊水光依舊接天浮徘徊今夜東山月彷彿當年壬戌秋有客得魚來赤壁無人載酒出黃州吟成一嘯四山寂孤鶴橫江掠小舟

赤壁懷古　皇甫汸

人留勝地臨江上客有高軒得盍過雲起楚臺聯石壁水從湘浦接烟波漫因明月傷千里更遣迴風入九歌自愧清時承遠謫可無詞賦擬

東坡

登赤壁

萬古滄江上清秋赤壁開浴凫知舊潞横鶴見

新臺妙崗瑜非昔雄心操已灰媿無題賦手猶

欲記重來

赤壁　　曹叶卜

一壁連城起三江闢地傳石羅星斗繞水轉魚

龍回漢將建旗幟宋儒賦酒盃黄州問父老豪

傑安在哉

赤壁感興　　李得陽

峭壁臨江控上遊登高懷古一停舟曹瞞霸業寒烟盡公瑾勛名野水流山鳥似啼當日恨東風猶作昔時秋坡仙詞賦多悲慨半入江雲黯結愁

赤壁席上分韻二首　　李維楨

孤亭絕壁亦奇哉學士風流此地來東望拍天江自迴南飛啼月鵲堪哀但令詞客名千古不盡遊人酒一盃最羡使君能吏隱追歌清夜共徘徊

高歌急管促行觴莫問金門與玉堂估客舟從

波上下美人家自水中央壁銜烟嶼殘陽赤洲
桃春江宿霧黄忽有東風生四座應知不爲便
周郎

秋日奉使楚黄遶同年友邀遊赤壁漫題

韓世能

赤壁何人續舊遊使君江上共蘭舟不因問俗
談文酒誰遣浮槎傍斗牛牧唱漁歌戰場下清
風明月釣磯頭狂來直欲招蘇子同醉烟波萬
頃秋

詠赤壁　　藍 澗

長江西來雨如霧赤壁蒼蒼風雨暮草木猶疑
横槊時塵沙尚想焚舟處烏林渡口下舳艫曹
瞞已料無全吳陣前部曲奔先主眼前談笑輕
周瑜君臣謀合士鼓勇玉帳旌旗亦飛動樓櫓
蹴空烟熖高魚龍白日波濤湧荆門牢落驛殘
兵野曠不聞鼙鼓聲戰骨秋埋湖外草𨓜晝夜
報石頭城雄圖覇氣兩消歇地老天荒秋一葉
石上殘碑過客題沙中古劍漁人得漢王祠枕
碧山隅諸葛臺荒野鳥呼千年忠義出師表萬
古江山八陣圖

登赤壁亭　廖道南

亭倚石巖開風鳴萬樹哀人閒不知去鳥倦忽飛來江勢平吞閣山形曲抱臺雲林秋色霽眞自可幽懷

八月五日夜集赤壁　徐學謨

萬堞凌丹阜千家俯白雲雄圖餘戰伐清籟隔氛氳月色遠山盡江聲靜夜聞回鑣看斗直懸漏欲宵分

泊赤壁　車大任

地是烏林舊名還赤壁留獨詢三國事空見一

江流風落山樵地霜凋楚客裘孤舟今夜夢明月冷沙鷗

赤壁再泛　祝世禄

水落磯頭石霜林紅欲燃重來摩赤壁孤嘯破蒼烟雁下瀟湘雨人歸雲夢田江山英爽在乎挹一尊前

坡仙祠　失名

緜來此地鬬龍蛇血染危城十里沙我欲笑君君自笑風流千古屬誰家

嘉靖丙寅余按黄嘗寓目赤壁茲叨塡撫

追維往事益十六禩矣欲續舊遊未遑也

賦此寄題情見乎詞　　陳　省

巉巖赤壁大江隈前渡劉郎今復來繡斧當年

慚攬轡王恩今日更燃灰江山宛戀還相識風

雨瀟疎忽自開載酒續遊我豈敢駕言誰是濟

川才

舊遊遥對一欣然爾吼江聲我扣舷千里家鄉

人日過半生宦跡使心懸白雲春樹蘼蕪外紫

氣嵐烟雾𩃬前風景別來依舊好劇憐民瘼倍

當年

招王司徒雲澤遊赤壁是日阻風

青雀欲開風色寒千峰止向坐中看三分事往江山在兩賦名高歲月殘隔水簫聲飛碧落半空鶴影下林端重來二客應無厭携酒曾魚與未闌

辛己歸田維舟赤壁山下寄懷蘇長公

風吹赤壁撼江濤咫尺相看望眼勞出晝何人嘲隱几行吟有客咏離騷欲憑草履登官閣祇恐春風薄緼袍使節來來成底事可能不愧長公曹

過石頭口即古赤壁也感賦　朱瑞登

今日揚帆渡楚湘石頭山下憶周郎懸崖古木多餘感倒壁狂瀾幾嘆亡鼎業已分天下勢偏安空斷老臣腸可憐一夜東風便百萬生靈縱恨傷

同洪州學憲遊赤壁　駱問禮

虬岸皴波雉堞迴瓊梯紺宇具宮連帆檣歷亂迎湘雨雲樹蒼茫帶岳烟今古英雄真一瞬江山風月自千年相逢樽酒頭俱白磨洗無窮問昔賢

春日同纘亭憲副遊赤壁　王　圻

嵯峨靈宇古江邉雙鳥飛騰羽斝[illegible]玉盞迴波移白日銀釭帶雨吐青烟沙沉赤壁迷吳蹟兵繞烏林憶漢年磯石是非今莫問山川增勝在名賢

遊赤壁　王廷陳

六月輕檻敞三分割據雄江淮城抱日艦火岸餘風詞賦留天上旌旗在眼中覇圖今已歇幽賞幾回同檻外見鷗亂尊邉雲霧通松杉盤虎穴臺榭接龍宮早歲辭朱紱茲遊感數公願言

携桂楫常此狎漁翁

宴集赤壁書懷

春淺遊興屬芳洲選地張筵對狎鷗赤壁徑盤危磴出青天城抱大江流乾坤久歷三分業山永仍含萬古愁客散晴沙樓閣晩佛燈漁火共悠悠

赤壁陪胡茂承宴賦　王同軏

壁壘血未乾霸氣中原散蘇公夫何爲復此弄文翰俱爲地借名倘壁開樓觀上欲凝飛雲下踞江之半回思故聲華何異暮與旦蘇公昔已

悲翻爲後人歎我生室其傷君來自天畔踏蘚
秋尊携木葉紛已亂癡絕君不無一笑冠纓斷
高窺鸛鶴巢險坐黿鼉岸題詩擊鉢成字字珠
光爛尊罍歡處饒年華暗中换却恐留徽音千
秋益悲惋三益古所稱兩情殊泮渙江上山聯
翩從君徧探玩

人日遊赤壁

今年人日條風柔邀客把酒臨江樓青陽乍驚
七日復赤壁尚帶三分愁窺魚鷺立斷冰遠炙
背僧臥孤石幽入眼烟波動遊興那能長繫木

蘭舟

赤壁懷古

來遊赤壁山不識鏖兵處山南片片雲飛落崖
前樹

重修赤壁樓記

湖廣提刑按察司四明周應治

夫古今大旦暮也名蹟之廢與何常之有而惟前代豪傑所周歷寄情之處風韻猶存即世運遞遷乎賢諸人心若羹墻見之非苟焉而已余性躭山水每經形勝往往會心嘗覽子瞻赤壁

兩賦覺時時几案江山矣甲申春駐節於黃黃之城西陂峻壁嵯峨高崗屼嵂不獨山水之奇其形勢實當郡治後透迤增盤地弗要於此矣先是有層樓重閣政爲地方鎮重亡何而爲當事者所廢墜典闕焉郡丞王君代府事浚以爲慮於是鳩工庀材數月而樓建成崔巍乎大觀哉余登其巔則負雉堞俯長川所爲崢嶸鸚鵡韓溪庾月集遠在眉睫間徙倚處不勝披豁則悠悠有弔古之思彼以曹氏官渡之捷奄有冀州劉豫州軍聲初錯勢比南飛當是時武侯倡

義破虜挾謀使公瑾輩逆鏖於赤壁之上火攻一策煌焰漲天曹氏魄褫退走南郡困驚耳駭目之功然而身死灰滅則孰若兩賦百年介山川色澤也夫斷文殘碑苔蘚封痕荒蕪草數無地無之至若品不登於通人德不乖於後禩藻繪雖工焉能爲有乃子瞻以忠愛獲戾致有黃州安置而更不以夷險易心無淄之衷超然霞外卒之感動兩宮終其身振衣萬仞徘徊吟賞鴻筆所絕遂成名域是故赤壁之傳以兩賦兩賦之傳以子瞻蓋地因形勝重而重者不獨形

勝形勝因文章重而重者不獨文章文章之重係道德往哲之傳藉於後人倘勝歷之地在事者任其敗廢則安在激發人心千古一日哉余固嘉是役之成且嘉樓成而令後世好修之士知文章道德之不朽則羹墻往哲景行以之至於形勢關乎民社以土木補造化之二則是舉也又寧以官治爲蘧廬者乎樓高二丈八尺始於癸卯八月成於甲辰之二月也

重遊赤壁記　姚履素

淸和朔日黄二守蔣君招爲後赤壁之遊初籧

赤壁志

既竟則移尊東坡樓長空落照水遠山輝環視若跨大虹而浮於瀛也樓之北有逕甚僻傍崖透迤出沒於柳陰中碧茵凝砌余心賞之其下爲水月菴不甚治移尊赤壁磯亭則洲渚人烟江山橋樑紛呈其清郁矣浮漚間麥隴一二頃茅舍數楹柳絲蔭覆其上通以長堤十數丈斷處棧續之時及麥秋農人梱載擔負不絕於行君山賦若謂江帆直抵壁下今漁浦柳洲隔里許而遥越重堤焉豈亦陵谷變遷耶茅舍已浸浸人湔中門前時艤小艇載錢鎛野鑪商伞至

則航而之耳時夕曛在山極目南望有帆影半霞於黛光之外詢諸土人曰其下樊湖也在樊山之南雖與江屬然十數里而遙矣久之暝色漸近惟見一二漁筏隱隱汎汎不啻若汀雁沙鷗也者沈公緒題小赤壁圖云赤壁不以壁勝以眉山兩賦勝余謂環壁之外固自勝也蔣君名承勛吾瀏臨海人博聞善清談丕爲揮麈之助焉

春日赤壁晚眺效謝康樂體二首

呂元音

步出城西隅翛然靈界敞輕陰澹夕暉涼風正
飄蕩雨初絲埜秀臺高白雲朗疊雉刺中流千
颿落漭泱林烟曳翠綃湖霞披絳幌旣懽僻野
性復挾滄洲賞振衣登前岡徘徊命我黨愛此
離埃氛且得脫羈鞅美酒滌煩囂劇談發神爽
會須倚層樓一嘯衆山響

纖月掛東林羲和節西弭遊目意未足緩步信
所履逕轉石磴坼溪漲漁梁毀翠荇出水鮮朱
櫻然林紫涓涓芳露潤淡淡行雲止野照晃空
明泉洒響淸泚伊余丘壑姿眷茲景物美登眺

豁幽襟俯仰总悲喜凭高身以轩临流耳堪洗泠泠御远风悠悠得真理尘世事俱非独此道遥是预愁还城市车马纷如驶

赤壁作　　潘恩

坡仙不可作哀泉响溪壑众星罗青旻光彩粲纷错感之幽意多酹酒谢寥廓海月东渐生照我黄花酌对月忽怀人顾影伤寂寞大叫招天风驭此横江鹤

冬日赤壁宴集　　王一鸣

坐来赤壁下斜曛亦有登临二客群泽畔烟霞

渾不斷城邊江漢欲平分千山黯淡原非雨幾
處氤氲似是雲人散水濱樓閣晩菭天鐘磬夜
潑聞

由龍山登两耳山至赤壁歌

聚寶山南一尊酒主勸賓酬不離手夜潑霜露
沾人衣漭漭長江峽中吼两耳山高連右肘發
興携壺作狂走風逆難開童稚呼雲迷翻訝藤
蘿陡路細石古狐狸啼絶頂巻菸一翅首班荆
度地一開筵舉盃邀月呼青天野燒横出孤松
巔炙酒酒熱西風便明伯耳熱掀長髯若惢矜

持禮法謙叔孝問詩猶細密轟飲恨少東溟添
擡頭一望山巉巉赤壁半墮滄波銜秋浪浩渺
動樓榭天風空闊吟松杉十步五步山出沒東
坡先生祠眼前造次留客何生賢鷄酒陸續淩
林傳鷄煮最憐白玉熱酒行滴作珍珠圓慇懃
苦勸上客醉彷彿便擬山中眠酒後坐起忘主
客吟遍今古呈山川老僧空谷捲青磬漁子趁
月撐歸船酒罷便作城南步鬱盤城郭紆烟霧
月薄如霜紅蓼稀天高慣鬬清風怒吁嗟乎英
雄身世多坎坷今朝且樂樂奈何向平五嶽有

消息看我淋漓醉掃青天歌

嘲坡仙　上官鉉

赤壁江山海外天孤槎夜泛斗牛眠西風不向

園林過寥落坡仙成壁仙

坡仙解嘲

臨江載酒已多秋學士風流尚未休此地蘇郎

夜夜到荆公能得幾回遊

赤壁懷銅雀臺

春滚銅雀日初紅武帝宫中繡帳空睡見二喬

閒細語夢回撥盾怨東風

問坡仙　　張元芳

巉巉赤壁抗黃州一片飛霞鏡裏浮好景莫教輕放過不知何處是丹丘

乙丑秋日陸龍問招遊赤壁索題

日落滄江澹素波秋光一望片帆多清風穆穆坡仙興衹樹蒼蒼印沸歌把酒未能酧月旦題詩聊以寄山阿只今兵甲紛紛起回首曹孫竟若何

雨中遊赤壁　　張元忭

不因風雨暫淹留勝地那成竟日遊千里舳艫

空赤壁兩篇詞賦自黃州籬邊花落香猶在江上烟潑翠欲浮莫道樽前少明月殘星幾點動漁舟

過雪堂登竹樓

素几明窗對翠微坐間白雪欲侵衣江邊小艇頻移棹疑是坡仙赤壁歸

二十年前此一登江山猶有故人情但教風月長無恙竹兎從他萬遍更

壬戌春飲梅御琛署中懷潘浪仙

施閏章

雪堂猶得笑彈冠正月江城夜不寒客路孤棲
驚戍鼓官衙高枕憶漁竿故鄉尊酒殷勤盡赤
壁風烟睥睨看獨有美人湘水隔平原虛擬布
衣歡

醉後歌增郭郡侯翔伯公祖

東坡後身今太守能飲黃州幾斛酒丈夫五馬
二千石安得風流滿人口生計曾犁江上田宦
遊用盡囊中錢公庭草綠東風暖吏舍人稀白
鹿眠赤壁直從盃底出横江坐嘯心茫然三分
戰鬬都已矣兩賦崢嶸今尚傳惜哉雪堂成尨

礫竹樓亦野火請君莫慶千秋蹟詩成箕踞無
不可但恨古人不見我

赤壁

欹石荒烟路千年人自遊空青連赤岸虛白俯
滄洲日氣鮫宫暖風聲漢水秋誰憐詞賦客今
古一虛舟

遊赤壁　李棠馥

赤壁江邊幾處傳紀聞總是破曹年尊湖字淺
曾痕沒樊口兵銷沙步遷載酒人來花滿岸行
歌月上鳥依船曠懷知有坡公賦何必區區盡

幅幀

遊赤壁見仲父詩因志　徐名紹

幾度相思意未酧春風載酒渡扁舟周郎覇業千秋恨蘇子文章萬古留江上漁人歌赤壁亭前明月照黄州吾家仲父多題詠敢羨當年咸藉遊

赤壁　蘇本眘

高臺千仞自龍從楚客登臨思不窮古地懷人當月白斷崖流影入江紅喜無烽火驚殘壁剩有山川紀大風吳魏戰爭成底事茫茫烟水夕

陽中

偶過懷蘇亭悵望泛舟人去可曾回城邊遥眺

雪堂址水上高懸赤壁臺千載清風遺像在一

船明月大江來武昌東望成今古憑弔獨憐魏

武才

夏日遊赤壁　　　　樊　儆

直北驅車入楚城偶遊赤壁旅懷傾風雲四護

三江秀日月雙懸一柱清霞泛勸盃絲管急浪

摇歌扇畫船輕主人不倦登臨興錦席淹留盡

日情

觀風嶺上謁先公白鶴峰頭曾掛弓幾說文章憎命達誰知草木盡消融名流儒雅雲湘遠政藉風流赤壁雄讀賦頓忘歸路晚清風江上思無窮

遊赤壁　胡瓚

爲訪宗賢造雪堂歸來顧影意徬徨殷勤酒出同家釀豈笑無魚食武昌

十月温於二月天平鋪千頃正茫然清江漁火浸明晤仰視長空月上弦

山高月小漾清波有客吹簫復楚歌我欲攝衣

履巖趨停舟無路夜如何

赤壁重遊興更豪却來此樂問臨皐江山好景

如相待作賦無能續楚騷

赤壁無文碑記　　李贊元

今夫曠曠者天地也何以始何以終乎曰有文

在冥冥者山川也何以名何以傳乎曰有文在

日新者世而日異者人也何以知其盛衰紀其

姓氏乎曰有文在文也者與天地同無疆與山

川同不易與世爲絕續與人爲存亡者也赤壁

者黄之勝地也屹然立於江濱相傳曹孟德常

困於茲亦無從信其是耶否耶但遊其下者莫不有文焉以寫其景而鳴其情予於戊戌登臨其上幾欲爲文而無文非無文也山名聚寶泉稱君子江天之浩渺樓觀之嵯峨鬱鬱葱葱於湘雨岳烟秀崎蘭溪之際者天地山川之文也讀子瞻前後二賦而古今之興廢賢達之曠逸其唏噓於清風明月之間者至人之文也迨其後爲歌爲詞爲詩爲記難更僕數然或歎息英雄或吟咏風露或出之名公大人或得之騷人墨士其狂瀾之瀠洄惟石之隱秀追昊蹟而憶

漢年者歷歷乎城郭堞圮而風物宜人文至矣備矣箋以加矣予復何文雖然日月如故山河時移數十年來兵燹頻仍灰燼之餘瘡痍未起彼雲亭竹榭半湮沒於荒蓁蔓草中俾易世而下漠然徒見夫山高而水清而斷碑殘碣亦幾幾乎渺茫而無所考將天地不能有其功山川不能出其奇而至人亦不能復爲其繼噫誰之咎與予如是倡衆捐資力爲鼎新雖不敢步光前賢庶後之君子流覽於斯者得以指而數之曰某也詞某也詩某也歌而某也記而某也賦

雲漢於昭日星爲縏天地山川共不朽矣即媿吳爭鋒不必其果在是焉否也皆可以依稀憑弔焉是亦爲之文也而又何以文爲

陪聶按臺遊赤壁四律　王　顯

覽勝到山亭雲烟藹畫屏心丹映壁赤節勁比松青呼拙搖河嶽文章燦斗星龍魚雲雨露變化滿江汀

追隨登赤壁寤寐遇坡仙瞻像塵襟滌讀詩暑病痊風清披白簡烟藹繞青巔多少英雄蹟孤懸別洞天

攬轡過城隈登臨問酒盃風清吹湛露令肅隱
轟雷嶂古龍蛇靖峰奇桃李培再三尋舊蹟把
手幾徘徊

把酌正秋初飄然御太虛風雲藏石島雨露隨
軺車觀浴垂青問拂几草諫書流瀉皆集堵仁
智樂公餘

赤壁舊有蘇公遺像一楹余昔由楚之豫
畱其額曰萬古風流今復抵武昌因寄此
以書額右　徐惺

黃州江山天下奇巉巖矗立烟離披下瞰百丈

臨江陂青青芳草生漣漪遠峰隔岸開相窺目
暮陰晴渾莫期布帆細雨輕如絲習習不斷清
風吹倏忽晴空月上看大江照澈映玻璃世上
凡流安得知曠哉蘇公千載思舉盃邀月高吟
詩泛舟來往無停時吁嗟高山流水應如斯東
坡先生豈我欺試問千載之後更有誰萬古風
流真在茲

赤壁懷蘇文忠公　　王新命

江山風月古今留更有蘇公勝事悠一片賦心
開赤壁三年文采寄黃州雲籠古樹瞻遺像鶴

喉高亭送客舟涪水肩山非異土嶄余空自景

前驅

乞罷南歸過黃岡張美中陳百行二憲使

請遊赤壁忻然就約今昔增懷次舊遊四

章　　　　　　　　　　　林大輅

雙眸紫氣横西郊寒飈廣伊懷西方人眷兹滄

洲賞景曠融道情豈牽簪纓想俯仰眄山椒東

流大江朗渚鳴羣鷗飛烟舒獨鶴上喟予謝浮

雲敢言愜疎放荒荒古木疎綿綿玄雲長虛無

只蓬瀛長公得真像從之不可追試招漁人𢳆

役脊協遐思驅車遊黃岡黃岡非我遊所思亦
壁長烟光連江滸石徑明宵霜林聲間歌管筠
彩横璣觴策策羣飛鴉日暮鳴徜徉雲中雁相
呼萬里獨南翔斗酒娛歲華況今泛滄浪回首
思佳人仙蹤今微茫問之玄鶴夢何如炊黃粱
杲日照北林丹崖俯幽壑澄流碧於藍微風吹
雲漠遠渚既縈紆層峰亦連絡樵路莽荊蓁村
屋栖鳥雀緬彼達士懷形骸非有託撫化薄浮
名招搖千古樂我今已明農重遊宛如昨神曠
物徒縈歲寒江尤廓縱談天壤間豈復知龍夔

巾烏借樵漁聊謝世人度

昔者蘇長公淹留黄泥坂羈旅本無營簞瓢何歲晩武昌魚雖薄猶勝惠州飯赤壁對暮齡扁舟亦繾綣才高愛者稀濩落還混池两賦達玄門萬事奚寒暖二客者誰何時亦樂嘉遁張翰烟雲姿陳琳天趣遠方州夾雙流淡日輝霜幰往事眷潑衷兹游亦燕婉北風吹歸輿麥斜林臥穩豈無他年懷江湖終偃蹇

赤壁謁蘇文忠公祠　孫一致

作賦蘇公還廟祀幽尋何異拜崆峒荒亭斷碣

遺文碧削壁澄江落照紅孤鶴可能來野蔓洞簫誰復託悲風泛舟若得當年客願傍遷人學釣翁

何太守道岑宋別駕牧仲招遊赤壁

曹鼎望

江山多勝槩難靚如椽筆兩賦題前後赤壁千年屹丙午歲之冬仲月朔八日舟發漢川口瞬息黄岡踁江天雨零零霧重山形失澎湃湧波濤風勢寒而溧冒雨涉江干揠衣攝山屋風雨蝕殘碑遺像儼石室斯地有斯人豈隨烟草畢

別駕自風流太守復超軼秉燭意何長笙歌連
香飿噫嘻五侯七貴何其富轉眼樓臺窟狐兎
阿房銅雀何其雄燐燐鬼火泣西風何如此赤
壁千年恒峚律上下古今理同心一登斯地者
但覺月白而風清水秀而山逸

遊赤壁　　梁斗巖

愁人羈旅莫登山孤寺荒城早閉關赤壁青天
豺虎路蒼藤枯木雪霜顔謀臣事業秋風裡逐
客文章落照間今古登臨皆是泪日從江水共
潺湲

千秋傳赤壁屹立俯江根岸圻波濤險山高虎
豹蹲文章悲斷碣風雨拜精魂我亦傷心客傾
盃掩淚痕

秋日再過赤壁　　林命

我來赤壁波濤闊七月剛逢既望天人在江山
烟月裏盃摇河漢斗牛邊詩成大笑驚烏鵲醉
後狂歌上釣船三國英雄盡塵土清秋風物尚
年年

經年不踏齊安路赤壁重來復及秋千岫紫氛
當牖見三湘翠色繞城流郄從天畔凭高閣又

向亭陰上小舟賦裹江山與風月幾人還似昔

人遊

滿江紅詞碑立坡仙亭

秀絕江山果天地鍾靈奇特憑試問是神工鑿是仙遊窟遠挹平巒雲萬疊低臨斷岸波千尺自坡翁賞後更何人檣如織　眼欲似江同白心欲似山同赤始登臨無負者般顏色但取清風携兩袖山靈許我眞相識莫匆匆辜了勝遊時齊安客

康熙乙亥桂月余守黄之明年也登赤壁酹江亭題此河東可齋賈鉝并書

清風高節畫竹碑立坡仙亭，題語

山水曰畫人物曰描花卉曰染惟竹則曰寫蓋
以其堅剛之餘清勁之致非運腕有力用筆靈
動不足以傳其神也唐宋以來代不乏人獨文
湖州得其正元趙松雪吳仲圭各出機杼更自
不羣後之學者當展拓胸次用意於筆墨之先
使天機縱横不稍凝滯庶幾近之耳康熙乙亥
荷月河東可齋賈鉝并識

傲骨凌霜畫竹碑立坡仙亭題語

寫此凌霜玉兩竿稜稜傲骨耐嚴寒坡公梅樹
萊公柏許作同心三友看

寇萊公知巴東日手植雙栢後刻於石蒼古如生今赤壁有東坡老楳刻石猶存余守齊安追二賢之芳躅爰作此以見志焉康熙乙亥七月既望河東賈鉝可齋并書於二賦堂

畫蘭碑在二賦堂 題語

春蘭如美人不採羞自獻時聞風露香蓬艾深不見丹青寫眞色欲補離騷傳對之如靈均冠珮不敢燕

余性好弄筆墨每閒窓作蘭石自娛偶檢東坡詩愛其清曠絕塵直與幽蘭傳神讀之覺

香氣拂拂從卷中出因補圖於赤壁二賦堂以俟大雅康熙乙亥陽月河東賈鉉并識

夜集赤壁有序

翫月臺高赤壁新增氣象放龜亭小青郊近接烟霞偶遻佳辰言尋古蹟一時傾蓋值江左之風流千里盍簪命浙西之詞翰洞簫斗酒小結游裝蠟屐筍輿大成勝賞於時夕陽在樹鴉翻楓葉之村暮靄横江雁淚蘋花之渚遻眺則層巒低列屏幛如圍俯觀則疋練平鋪魚龍不舞朱欄曲折徙倚搜詩石磴参

差登臨入畫羽觴迭進金管徐鳴天風憐曲細而不吹海月姤燈紅而忽上遄飛逸興銀箭催三客坐雄談玉巵浮百其地也如此其人也如彼噫嘻勝概難逢良遊易散崢嶸歲暮岑寂山阿不搆藻思奚伸雅抱況兹十月望夕正大蘇後賦之期寧無四韻相投留老杜重過之約請先瓦礫用引珠璣

小春望夕續蘇遊列坐崔巍磯上頭月滿一輪
如乍洗堂開二賦喜初修長江疋練供詩料遠
岫螺尖入畫浮更有諸賢弄簫管漏聲四點尚

貪酉

題睡亭

高枕山頭放脚眠此翁不負號坡仙後來軼掌風塵吏那得尋閑暫息肩

剪刀峰

峰似并州快剪刀何年屹立在山坳江雲如綺樹如縠裁出天然爛錦袍

看山下荷花

芙蕖萬柄接山麓倒捲涼風上石欄花本無塵香絶俗幾人不負一回看

隱括蘇賦詩

我來登赤壁挾友共凌風山色蒼茫上江流浩渺中幾盤休洞口一瞬喜天空彼美蘇安往長歌四顧雄

鬱蒼皆抱戶唯少桂千章窈窕出孤壑徘徊周上方武昌疇自見夏口岸相望白露詩成處南遊駕共藏

予懷繆已破美此半川淸千里江陵接長艫落日明秋吹波驟立風震谷潛鳴葉脫時方肅飛霜凛欲生

肴核既能攝歲時將亦消何人知屬賦有侶適
携簫目斷幽蘭嫋襟憑烏鵲飄扁舟今可就婦
子託漁樵
徐泛盈匏酌用斯遺世遊踞巖驚虎豹横槊笑
蜉蝣名姓海中粟旌旗江上秋坐來悲孟德西
去困荆州
雪堂蟻絕地白道識臨皐草木久無主魚鰕各
得曹登攀窮造化俯仰寄秋毫東問黃泥坂岐
宮暮獨高
翩蹮玄鶴舞餘響應滄龍水降石横潛山虛月

湧松危巢音戛擊鱗木影蒙茸籍酒與登嘯謂阮籍孫登也終需二士從

吾衣披羽似吾履御風如放睡倚爲枕安行步

是車呼樽釃斗酒洗盞縷鱸魚反笑昔遊者牛

山歎逝虛

爲歌誠固耳白飲薤寥焉用彈鋏生及醉吟先生傳事在客

乃謀室舉杯曾樂天鹿麋游渺渺山水遇仙仙

魚網紙名開千尺須雷待巨然巨然僧擅畫

扣舷風細甚光起一輪和正取清聲荅不禁艮

夜過飛星嘗動酒栖鶻也聽歌小棹輕槳掠薄

言歸泝波

赤壁妙處經坡公拈出後來不能復贊一辭余菰齊安既葺而新之登攬之下恒恐寂寂笑人乃因賦集字得五言近體十首亦猶坡公集陶之意既欲解嘲山靈抑將振風流於弗墜耳康熙乙亥季秋朔日河東可齋賈鉝并識

檃括十詠　　徐惺

幾遊蘇子處今得見遺風高揖斗牛半長啸鶴御中波消洞口出巖赤水天空人物東流去何

知二賦雄
吾美王人久高歌有十章江天惟坐嘯風月共
清方東壁正無盡西山又一望此來美今昔不
復識行藏
枕江堂上望懷抱已幽清日落石渚出天高滄
海明舟橫鱸自起巢動鶻孤鳴正有登臨客東
方月又生
此夜成孤夢江聲暮不消有人方問酒何處更
吹簫露下鵲烏喜霜清木葉飄行歌皆婦子幽
谷聽歸樵

白石固吾侣曾爲蘇子遊人生皆寓寄天地一

蜉蝣詩賦江山夜魚鰕樽酒秋客懷何其適今

日是黄州

波光臨絶壁秋色在江皐日月皆爲客山川亦

笑曹携樽開露槳洗葉挾霜毫八月飄來桂蟾

危影更高

興懷友麋鹿倚石俯蛟龍窈窕劃流水蒼茫響

獨棲巢山有色攀谷草生茸笑我無能步翩

躚亦過從

登山成俛仰歸去樂何如問道人孤往披襟月

一車餘生如聽鵲美德動遊魚我已無窮慕知
名良不虛
久矣風流渺如今蓋有焉已知泥坂地皆屬桂
蘭天造化須如我凌虛自可仙名山將藉託何
處不蒼然
寤餘起長笑秋日樂時和木脫既四顧蕭稀復
一過鶴來如待舞虎踞似聽歌擊棹曾相和湛
然泛之細波

檃括二賦詩 并序　　董維祺

千秋赤壁得中憲買公脩而葺之既爲江山

重開生面復於二賦中櫽括字句成近體十章即景即事一氣渾融確乎天衣無縫弖然針線之跡洗盡浮靡獨標新格對之如遊山陰道上使人應接不暇國中屬而和者悉嘆曲高調古不敢以筆墨效顰况余於詩道素未嫻習尤難學步因承大命思得竊附風雅但限於格律恐涉牽強而欲一字不復更覺其難竟日搜索僅得四律應命望洋而嘆徒抱形穢之慚敢云續貂乎哉

泛舟臨赤壁萬頃自茫然有酒嘗携客行歌幾

扣舷鶴巢霜露下盞洗桂蘭天泝盡流光影飄
飄我亦仙
憑虛顧所樂縱目日將終少待松間月徐來江
上風山川曾未瞬消長已無窮何處吹簫子音
餘怨慕中
高空木葉落舉網美鱸魚逝者非吾有駕言喜
自如巉巖踞虎豹斷岸友樵漁寥寂旌旗望馮
夷不識余
俛仰悲今昔相從良夜遊攝衣寄徃興舉棹順
東流浩浩千秋賦翩翩一葉舟杯盤狼籍甚遨

與反黄州

檃括二賦詩　并序　　金世楨

江山詩酒待人而傳赤壁自蘇公二賦之後千百年來雖不乏憑吊者總不過尋常題詠未能一開生面也賈公來守是邦重葺而新之焕然改觀不寧惟是又於二賦中檃括字句得五言近體十章讀之沉雄俊逸有璧合珠聯之妙而無斧鑿之痕殆所謂神明變化者歟楨也不揣固陋勉爲續貂期以一字不複擬作十首亦效顰黄鶴之意伊立格過嚴

止成八律而閣筆爰勒諸石以俟後之有同

志者

盈虛卒不變浩㶁逝無窮脫木烏成葉巉巖水

接空掌茸披斷岸桂棹御徐風哀此生如寄蜉

蝣瞬視中

獨來托遺响羽化而登仙泥坂高秋處踊皋薄

暮天攝衣攀虎豹釃酒樂翩躚去矣蘭槳友馮

夷盡悄然

遨遊能幾日疇昔和吹簫露白凌艫落月光泝

夜飄徘徊牛斗下俯仰幾時消孟德今安在旌

赤壁二六

旗反寂寥

與世噫嘻者俛觀千尺波雪堂留二賦赤壁絕

行歌恐凛予懷繆轇蒼客履過體惟聽所止四

顧復之何

洗盞更爲酌杯盤狼籍斯長鳴川谷應放嘯鹿

麋知幽壑潛蛟舞扁舟道士悲正襟危坐耳美

誦扣舷詩

我自須臾遊虬龍縱步歸漁樵臨渚上鶻鶻掠

星飛鰕小從石出霜清見鶴稀玄裳曾識夢開

戶嘆驚非

少焉踞半萧舉網挾松鱸巨口横流湧細鱗滄海孤匏樽謀婦得肴核待人呼聲色藏吾有江山共子需東南相問荅枕藉笑周郎睡破車輪影音餘窈窕章一雄愀困地彼羨慕西方況復姓名在泖茲望武昌

檃括二賦詩　羅世珍

蘭槳凌江下將從赤壁遊一樽臨斷岸千里俯東流木脱挾秋響巖藏抱桂幽披襟登望處艮夜可攀畱

造物應無盡漶虛四望中巨川危石出落日暮

山空蘇子千秋歎周郎一世雄何如江上客笑

荅有清風

荆州吾得識攝屐過臨臯爲賦知如昔誦詩聽

更高歌終獨俛仰客去縱遊遨寥寂今能破倚

舷藉月毫

問時驚白露舉步道黃泥滄海鶴孤上雪堂月

又西魚須谷口得酒待羽衣携扣擊成音縷歌

呼震水栖

以變觀天地休爲困此生蜉蝣曾幾瞬麋鹿囿

無驚所適從安寓何須用徃名蒙茸方踞地坐
久斗西横
渺渺望東渚山巉復水長扁舟何所止林色正
鬱蒼落葉飛烏鵲秋風過武昌簫聲吹不絕歸
棹倚徽范
人間藏美慕客况托鱸魚遺世能無與興懷樂
有餘謀生需斗酒共出美牛車頤喜東皐望幽
潛視所如
消長曾無禁流光乃寄焉不知窮造化唯以屬
飛仙蛟壑横明月龍松駕洞天須臾成小艇就

桃亦飄然
吹落空江影一輪水湧來危巢鳴夜鶴放酌盡
匏盃幾日風霜變半天星斗開昔遊不可見子
起更徘徊
綱鱗嘗不竭以此見人和得取盈虛悟斯憑歲
月過莫言能虎嘯遣可聽漁歌顧笑魚鰕侶艑
爐悄不波

檃括二賦詩　岳東瞻

危坐正襟下馮虛可御風光明天地間聲色有
無中萬頃茫茫岸餘音嫋嫋空泛之舟遊赤壁得

賦登之臨雄
長蘇將賦處赤壁有名章道士夢何在美人天
一方雪堂携縱步夏口復遥望令得飛仙和江
山喜盡藏
况有詩相荅山高月更清水光凌石落人影泝
江明歌盡將舷扣嘯長應谷鳴須臾驚悟夜寄
託肅然生
江水皆東逝盈虛自長消何人曾問酒有客喜
吹簫惟取中流立徐從一葦飄遨遊滄海上長
揖侶漁樵

孤鶴横江消飛鳴過我遊扁舟如桂棹一瞬美
蜉蝣不識東方白徘徊壬戌秋悄然將四顧舉
酒屬黃州
風清月白下行步自臨皋憑古思周子誦詩笑
彼曹登仙渺一粟飛羽化秋毫狠籍杯盤竭睡
中藉枕高
攝衣歌窈窕高踞俯虬龍聲震危巢鶻響遺幽
壑松清霜脫木葉白露履蒙茸遊盡登舟返携
子二客從
飄飄遺世立寂寂見如如横槊嘗觀賦徐行已

駕車既曾杯有酒莫嘆殺無魚疇昔翩躚過放懷喜不虛但有登高興茲遊可續焉佳詩兼衆妙奇畫本先天當代推三絕古今服二仙後來皆閣筆把酒意茫然釃酒臨江岸調高難屬和無窮空既往絕業邁將過美彼巉崖勝輸公白雪歌泝流風水湧一葉泛清波

檃括二賦詩　沈鍾恒

繆有名山慕嘗從赤壁遊登巖時寄嘯得月也

會聞斷岸凌江滸中流泛桂舟歌餘聲嫋嫋窟

夢在黃州前王元公先生曾招飲觀劇

攀荊立巉石縱目坐江天山鶻鳴空谷潛虬震

巨川扣舷雖少和顧影亦如仙俯仰清光久臨

風獨悄然

不用將車出相携攝步來鳴臯掠羽過藉草一

樽開橫槊人何處興歌恐亦哀蜉蝣悲物化匏

飲且徘徊

亦喜幽栖甚何登洞壑無劃鱗呼酒侶脫葉下

樵蘇待駕山間鹿言[illegible]清寺[illegible]長汀不

禁客懷孤
酌酒笑相遇能詩各舉毫放游需御屐取賦屬
吾曹逝水風生細盈堂月正高莫悲音響絕今
昔一臨皋
十里疇相望橫江接武昌木蒼能蔽露葉赤盡
蒙霜西顧山如揖東流水更長舳艫今往矣虎
踞美周郎
縷網漁舟暮人從長坂歸翩躚方共適抱鬱嘆
予非洗耳流須枕披襟羽可衣樂斯藏睡客起
聽夜烏稀 有東坡睡亭遺跡

來問西陵道長爲倚棹行月輪天半小酒盞露中淸浩渺蛟龍戸滄菸戞擊聲夷然如出世星斗動危旌

不盡遺觀在憑臨破寂寥秋光何驟肅薄縞又驚飄鶴舞松爲翥風吹幕似簫月波千頃白幾得舉杯消

江山雄此地地地主復如蘭歲有魚鰕樂巢成婦子安知非虛造物況乃托遊盤終挾應徐士於焉竭美觀

檃括二賦詩　　施　瑚

山光吹不斷浩渺接江東水挾諸天響松禁萬
壑風旌旗魚潛在生世鹿車中有寄無相笑音
方下里雄

天地蒼茫夜徘徊何所之谷從風葉變舟視暮
巢危小立無人識幽懷有鶴知披襟予不樂爲
誦壁間詩先伯兄題碣尚在屈指四十餘年字跡已殘剝矣

昔人曾見放吾亦托虛舟莫動清時聽將從中
蒔酉梳消孤客夢坐踞一山秋自有東流水驚
波安得休

窈然鱗羽寂詩興睡餘清主既謀肴核山應藉

姓名巨觀千尺壁（公詩詞書畫妙絕天下今多勒之壁間）長嘯半

空聲我友風流甚飛毫一瞬成

歌終時出戶一笑舞翩躚歲月去如此江山昔

悄然屬來能飲客清絕未霜天疇道虛良夜吾

將盡十千

盤空明一縷危石俯相凌客少亦須酌天高如

可登開襟吾自適屬賦世方能且喜扁舟在東

南是武陵

雪堂風物美洗盞更相呼蘇子既長往我曹今

已孤蜉蝣窮變化哀樂渺須臾孟德雖狼籍屬

郎曾有無
臨皋非絕地有子得相携日影飛烏下簫聲落
葉西魚鰕驚脱網虎豹怨安栖四顧吾何適横
江盡赤泥
肅衣潛獨起此夜爲子長月下川巖白風鳴草
木黃道非憑口耳歸莫問行藏所羨惟漁者江
魚共婦嘗
泝流鳴斷幕幽露薄裳衣不待匏樽盡方知遊
棹非龍歸江水騾星見岸樵稀鳴鵲悲於訴飄
飄何處飛

檃括二賦詩　　劉國定

赤壁風流在臨皋縱步時江清下木葉月上賦

仙詩栖鶻攀巢返鱸魚得酒醨匏樽洗更酌逝

者嘆如斯

人喜予懷放從予二客行天高霜露白水落斗

牛横麋鹿皆吾侶魚鰕泛月明洞簫來和客怨

慕響餘聲

山川蒼鬱色萬頃一葰然浩浩馮虚御飄飄化

羽仙江流聲斷岸谷震應前川望美懷無盡中

流聽扣舷

雪堂長嘯後與客過山中擨酒歸謀婦覽巖舞
騾風誦詩歌窈窕顧影望西東步履披茸上徘
徊一世空
南飛烏鵲夜疇昔訴周郎千里雄風變孤舟斗
酒藏色聲寤造物哀怨托詩章一瞬悲消長山
間月下霜
荊州東下順橫槊蔽旌旗艫軸今安在蛟龍過
有時正襟觀物我危坐識歡悲嫋嫋音如縷扁
舟聽所之
萬物各有主安知御世雄江風用不竭山月取

無窮幽壑鳴泉湧濤光出日東渺焉惟一粟恐

接羽衣空

歲月曾無幾行歌厲泛舟蘭槳星影繆桂棹月

光流天地藏何盡飛鳴過不留江山如可識今

古怨皆休

從過黃泥坂漁樵應荅秋盈虛知水月滄海渺

蜉蝣虎豹橫高踞虬龍俯仰留蹁躚來鶴翅樂

甚此間遊

四顧秋光薄飛潛自得天掠舟驚有夢啟戶寂

成玄枕藉東方白杯盤一葉扁揖予喜而笑其

又何美焉

懷古詩并序　　胡璋

乙亥之秋河東賈太夫子重修赤壁置册徵詩璋因偶具意見欲就二賦中字集句成詩不欲外涉一字乃從賦中檢韻前後各集十首又合二賦渾成十首聊以應徵方彷彿織錦廻文之意非盡創也曰文八百餘言縱横不盡况賦中珠玉乎是有待於同志者

前賦

孤飛烏鵲卒何之蘇子臨江酒正釃清輿徐來

唯坐月幽懷各抱獨歌詩山川消長千秋在天

地盈虛一粟遺蓋世雄風曾不瞬茫茫滄海逝

如斯

江水茫茫一葉舟武昌魚美美清流蛟能變化

知予樂鹿喜徘徊共我遊羽客吹簫憑夏口山

人洗盞酌荆州西方彼美今如在危坐常懷王

戌秋

千里懷人既渺茫飄然獨立倚舟望蜉蝣寄託

非其遇滄海遨遊是所長舉酒相將悲孟德抑

舷且共笑周郎坐觀萬物皆無盡唯美江山自

鬱蒼

水光浩渺洗秋空枕藉凴凌一御風耳目縱觀

常不竭襟懷愀鬱更何窮蒼蒼白露橫江上嫋

嫋清音響洞中挾羽飛來歌桂棹軸轤順下斗

牛東

浩浩長空一色秋清波萬頃駕虛舟山人詩獨

歌風月仙客星明泛斗牛舞鶴自安天上樂潛

蛟莫慫壑中幽孤懷飄渺須知止豈慕餘生得

順流

浩浩茫茫海上漁孤舟枕棹亦徐徐風吹葉落

烏飛渺月出山空鹿自如匏竭況能藏桂酒殽
終可立得江魚噫嘻斗粟何須羨盡與徘徊赤
壁虛
吾生猥籍一樵夫縱飲遊觀樂所無江上風波
常自變山間友侶不爲孤客星何在今遺也婺
婦嗚然獨泣乎擊棹問天唯可笑山川物我盡
須臾
千里江淩在上瀟仙人七月泛蘭舟西來蒼鬱
盤滄海東下飄菰接斗牛赤壁取詩皆託賦匏
樽爲我卒遺秋幽幽孤月橫清渚安得長能抱

月遊
誦詩危坐困人天明接秋毫不蔽焉麋鹿與遊
皆羽客魚鰕爲侶是飛仙不竊聲色雖醲酒未
駕軸轤也扣舷望盡江南無一幕長歌且遣莫
愀然
蘇子憑虛遊赤壁而今羽化已登仙遺風嫋嫋
終無盡餘響飄飄況在天可慕淸波光耳目空
悲明月託山川千秋樂誦長如此海竭江竊不
變焉

後賦

臨皋十月已飛霜萬物于焉就所藏月影東來山盡白日將西去水皆黃從予過坂遊赤壁携客登舟步雪堂四顧蕭然聲悄悄唯驚孤鶴戛玄裳

歲盡將歸小雪時行歌問酒婦藏之江從斷岸聲相荅人在高堂影自披舉步復來遊薄暮謀魚適去俯馮夷須臾樂盡休言返長歎安危二客悲

攝衣登岸俯清流夜半曾從明月遊有酒復携予所樂無殺可待客能畱魚知水落應驚網鶴

聽風高也掠舟仰歎寂寥人影盡一聲長嘯震
千疇
黃泥坂下聽江聲二客相從步月明斷岸水歸
石自出危巢風湧鶴應驚幾人高悟能開夢熒
我幽棲不過淸艮夜何如携斗酒剨然長嘯震
山鳴
行藏久不待人知落落于今步自夷夜夢悄然
赤壁月笑言幾在雪堂時山無虎豹何驚也水
有虬龍可聽之翅羽蹁躚皆自適攀崖踞谷顧
無危

赤壁江皋既降霜已開斗酒不須藏蒙茸山谷
松如縞凛肅巉巖葉半黄客去應留舟在水鶴
來更揖鶴歸堂流行歲月無今昔俛仰悲歌一
羽裳
縞衣道士凛清風顧影寥寥斷岸松步月幾行
山盡處登山時在月明中龍飛絶壑應驚葉虎
震巉巖復笑焉問我姓名曾不答翩然携酒遡
江東
薄暮無人凛冽知如輪月湧夜何其得魚不下
謀鱸網顧鶴停驂放鶴時水落山高舟影[illegible][illegible]

鳴谷應石聲悲何如安步臯樂夢亦無驚岸不危
江黃尺地斷松鱸舉網安能得所需待客來時過夜半幾人行樂在須臾臨臯薄酒謀曾有白雪高歌步自無草木震驚山谷應鶻聲相答鶴聲呼
山高不歎出無車步履登臨造自如黃石堂中留雪酒赤松岸下美江魚虬龍湧起應驚客孤鶴飛鳴反顧予仰視寂寥人盡睡月明開戶一聽諸

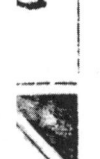

合二賦

四顧山光接水光（偶合成語）一天秋色渺茫茫蘭舟泛處無西子桂棹開時有石郎江上漁樵驚白露崖中麋鹿嘯清霜愀然獨抱匏樽坐明月方知客興長

千崖萬壑響秋風日已西歸月在東黃鶴不來仙駕悄蒼龍飛去洞簫空詩成斗酒令懷白客歎無魚昔有馮坐聽清歌徐起舞縱觀天地樂無窮

鵲來木落歎無巢戛戛長鳴顧寂寥蘇子喜來

蹁月步仙郎復去洗霜毫烏江水泛之時窮羽赤
壁風生乃破曹天地流行終不變開樽坐聽鶴
鳴臯
秋水長天一色空水光浩渺其無窮星橫牛渚
蹁江口月落龍崖反壁東細草披霜安所怨巨
流挐石亦何雄夜來危坐衣裳薄長嘯驚鳴萬
壑松
綱得魚盈尺半長託將頭狀寄蘇郎匏樽有用
終棠取蘭谷無人止自藏抱月歌詩懷子固橫
舟携酒問知章飄然二客相從日遊與如遺久

在黃

清秋有客泛舟來且共遨遊笑口開賦就子虛

呼斗酒詩成窈窕酌千杯悲餘應識悲潛樂喜

過須知喜復哀造化變更無盡藏俯觀滄海自

幽哉

造物盈虛未可憑千秋赤壁此時興泛舟客去

今何在名世人來更一登安石露章星夜上周

吕霜草口無能清明今美吾夫子開盡江山谷

與陵

山東娟愁夏飛霜夫子來時天地光鶴駕驟臨

開赤壁鹿車徐步過黃堂既觀明月高秋盡更
見清風逝水長上應郎星爲巨望蒼生久矣共
呼蒼
西山草盡士歸周綱下清江水白流夢破幾驚
霜在地輿來唯喜月明舟徘徊縱飲長生酒俯
仰能消寂寞秋有道雖窮終不變且觀此日識
荆州
步虛客過屐聲高凜凜霜歸獨挈曹洗耳清流
人笑固飲牛上谷我懷巢西川得月常携酒東
壁臨風幾縱毫此日木天蘇子在須知蘇子在

臨臯

檃括二賦和韻十首　　李振渤

昔人赤壁樂嶹不慕流風我履巉巖上秋生萬

壑中飄飄如遺世浩浩獨臨空縱目觀無盡孤

懷亦自雄

山危驚虎踞仰視接天章明月舟千里美人水

一方卻已莫可得不禁久相望何日憑風去潛

蛟破囧藏

一幕中流下長江水自清匏樽釃夜月桂棹擊

空明人影凌波動舷聲應谷鳴蒼茫天一色有

客識無生
如挾飛仙去憑虛客夢消江流時洗盞月上復
吹簫水落魚龍出天空木葉飄返舟過斷岸聞
荅有漁樵
枕石橫江洛予來樂此遊詩歌屬窈窕天地聽
蜉蝣正有扁舟況休驚一葉秋開樽謀更酌清
興在黃州
雪堂薄暮望又復過臨臯誦賦懷蘇子能詩羡
水曹歌呼托斗酒笑荅舞霜毫白露橫空夜南
飛烏鵲高

水湧幽宮震盤江囷巨龍凛然觀造物長嘯撫
孤松四顧人聲寂橫披草色茸鶻巢攀仰處一
客不能從
有鶴蹁躚舞臨風亦自如玄裳掠小棹順羽過
飛車晋友終需酒無殽喜得魚放舟聽所止艮
夜樂非虛
一瞬變滄海旌旗何在焉有名空蔽日無物不
歸天且盡而今樂須知即是仙遨遊時挾侶抱
月自幽然
登舟憑所往風與水聲和狼籍殽核盡時將夜

半過開襟就客桃㴲起聽清歌不絶音如縷輕
盈動泝波

檃括二賦詩　　　　　　　　張　㮙

予過黄泥坂相從二客閒孤舟凌萬頃明月出
東山舉網魚得得危巢鶻可攀劃然發長嘯人
影斗牛間

軸轤千里盡駕一葉扁舟浩浩馮虚御飄飄遺
世遊霜催木葉脱風湧大江流是歲杯盤樂無
殊壬戌秋

赤壁之遊樂莈然縱所如玄裳縞衣鶴巨口細

鱗魚逝者未嘗往流光信有諸惟斯水與月相
對識盈虛
有客若無酒如茲良夜何直將横槊氣都付扣
舷歌窈窕美人遠蹁躚道士過清風江上起無
水不興波
東望武昌遠江流夜有聲匏樽來薄暮蘭槳擊
空明客有吹簫者秋從斷岸生偶然相顧笑休
問姓和名
行歌互相荅直上履巉巖幽壑潛蛟舞横江孤
鶴來山川俱寥寂天地此徘徊疇昔旌旗影而

今安在哉
白露横江下天光接水光予懷愁渺渺山色鬱
蒼蒼崖劃棠茸影詩歌窈窕章攝衣還獨立把
酒酹周郎
感此蜉蝣寄不知何所終漁樵于渚上枕席乎
舟中造物藏無盡長江羨莫窮飛仙難驟得遺
響托悲風
四顧寂寥裏清風動縞衣大江自東去烏鵲忽
南飛水落石仍出月明星漸稀凛乎難久駐步
自雪堂歸

正襟危坐久于亦悄然悲十月霜應降東方白
不知杯盤狠籍裏風露復遊時寄謝車輪客從
今友鹿麋

檃括詩　　德吉

秋水橫江日登高縱目時人間長見月石上幾
番詩落葉鳥驚夢清波魚細吹自知虛過歲俯
仰笑何爲
水天成一色獨鶴破空清掠影樽中過高鳴山
半聲虬龍已變化虎豹踞縱橫如此幽艮夜行
歌正四更

是物有知遇人生不用哀苟非安得取旣往幾
曾來巖岸空虛立登臨懷抱開一輪今夜月蘇
子肯徘徊
舟車縷不絕終日盡徘徊巖壑仙人洞風流客
子杯餘光千世大蒼鬱萬山來長下江陵去而
今安在哉
赤壁山川久堂開接斗牛從遊如縷縷縱步更
幽幽喜見千江月徐行萬壑秋遺風今可托仰
止美名流

登赤壁用两賦中字成句歐陽思永

壁立黃江岸流光無盡時漁樵皆自適水月是
相知不飲中山酒能觀孟德詩此生何以寄行
樂在于斯
踞倚巉巖上川陵目可窮放歌來鶴駕開嘯動
蛟宫浩渺孤懷客縱橫一世雄而今滄海悟天
地也爲空
披斷蒙茸處憑高挼斗牛松聲須託響桂影未
成秋時維夏日赤日凌波暮清風汎壑幽匏樽携所
有仙侶共登舟
徘徊過夜半烏鵲正南飛露既滑飄薄星嘗仰

見稀谷音餘步履草色就裳衣坐待東方白泓
然又獨歸

再登赤壁疊用兩賦中字成七言律四首

屐盡巉巖步不危東西在望幾曾遺水光山色
長如此明月清風固有之虛託嘯歌驚鶴夢放
開懷抱和人詩何須更待來遊日聽取江流夜
半時

幽壑聲如嫠婦哀少焉一聽一徘徊何爲縱我
空攀谷不與遊人共酌杯桂棹且無安所泛匏
樽雖有未嘗開明知目遇非其侶獨自懷蘇日

日來
石壁霜亳自草玄亦無非笑亦無然江魚已不
知消長斗酒何須美十千輪響半橫山口月羽
音空望洞中仙託將枕藉留清興應有扁舟客
扣舷
高山流水薄長生歸去來兮自在行東谷笑言
西谷響（用馬戲句）今時風月昔時清世間造物終無
盡江上漁舟絕不驚顧我獨能知此況嘗從良
夜坐天明

登赤壁用二賦字成五律六章

魏信徵

屐石江天上登臨欲挾仙風吹月窈窕露下鶴
蹁躚鬱矣周郎渚雄哉孟德舩匏樽亦自適擊
目繆荊川
棹倚金蘭侶星潛盤谷波美人不可見蘇子已
曾過況有馮虛御能無遺世歌而今唯怨慕良
夜待如何
縱聳纔巖斷蛟宮湧岸鬧漁樵時往復麋鹿友
常來松響驚幽夢烏飛動客哀洞簫聲細訴安
得酒盈杯

清秋衣縞薄鳳賦抱泝光相嘆蜉蝣變共知虎
豹藏湫然飄木葉歸去攝衣裳半瞬旌旗震山
高水更長

空中即是色悲與此東流莫道須臾歲終非寂
寬遊嚋携赤壁樂予泛武昌舟日出車輪騄龍
攀踞斗牛

仰止觀魚者徘徊步雪堂凜乎霜既白肅斡葉
初黃耳聽餘音縷襟懷少海萍吾生渺一粟枕
藉賦斯章

登赤壁檃括二賦一律　趙元叔

風月江山赤壁秋曾如蘇子泛舟遊飄飄遺世
携橥鹿浩浩馮虚酌斗牛桂棹扣歌懷白渺洞
簫倚和響方幽且觀不變終無盡聲色雖消我
獨留

赤壁方新余留步武萊萊烟水壯洞庭八百
餘里之奇叠叠雲山增衡岳七十二峰之勝
且何中錦繡光露千秋筆下蛟龍勢騰三楚
覽大郡之雄圖追使君之逸興先後媲美其
在斯乎

和檃括二賦詩并序　楊天寵

我可翁老年堂臺瀟洒名流敲推才子黃堂牧伯共說元脩赤壁主人何殊蘇子蕭思話書評第一虎跳龍拏曹丕與畫苑無雙烏啼花笑鬪拈二賦如裁碧艾以成衫櫽括十章似襭紅妝而製緵風規落落一攬烟月之奇文藻翩翩自得江山之助依聲協律斷碑千字成章吐艷生香春月百花釀蜜余也八年薄宦觸景興懷三十載清狂登山有志謹依元韻珠璣固己在前擒摭短篇砂礫恧焉居後聊以效顰取笑漫同借面爲粧云爾

臨流波影動有客御長風蘭槳横江上匏樽舉
夜中歌來山谷應夢過羽衣空孟德周郎困何
如蘇子雄
我來歌二賦斗酒和詩章俛仰凌千尺登臨俯
四方飛烏栖夜静斷岸接天望長嘯鳴巖壑能
驚虎豹藏
攝衣過夏口日落萬山清鶴以孤飛怨江干四
顧明美人臨月舞歌者扣舷鳴時物悲消長憑
高寂感生
良夜遊無盡呼樽秋怨消鵲巢如壁立木葉自

天飄波擊江中石人吹月下簫聲幺吾獨愧寄

與侶漁樵

絶壁蛟宫踞飄然一葉遊詩人歌窈窕客子歎

蜉蝣酒載黄泥坂風吹白露秋過從將夜半取

道下安州

横槊清風起秋空接水皋山川悲客况詩酒屬

吾曹桄石成幽夢行歌舉細亳天風仙子下中

夜步虚高

放舟巉絶處波響出魚龍牛渚秋横斗虬鱗夜

聽松人聲方寂寂江草自茸茸赤壁疇爲主風

流願甡從
雪堂携二友此樂問何如出谷披鱗木攀巖駕
鹿車所需天下士不羡武昌魚山色紓懷抱登
高賦子虛
人生須適意洗盞復遊焉薄暮千江客孤舟十
月天網鱸方屬婦籍草似登仙不待秋霜肅空
山已悄然
歸自臨臯下清音山水和蒼茫江月湧浩渺舳
艫過詩羡黃州長名留白雪歌雄才如萬頃寄
我是餘波

檃括蘇賦詩　　　　　　　　汪家禎

蘇子今如在風光此夕良松江鱸可得蘭槳客相將東望山皆白西來水更長憑巖聲寂寂徐步月如霜

江流聲浩浩千里舳艫稀水落石將出風清鶴正飛蜉蝣寄天地霜露凛裳衣造物知無盡山川是也非

泛舟赤壁下遺世獨登仙斗酒歌明月長江接暮天美人望渺渺道士揖蹁蹁更酌杯盤盡清秋四悄然

明月東山上徘徊酌酒杯橫江孤鶴去舉網細
鱗來一瞬周郎逝無窮孟德哀山川今在望鬱
鬱亦悠哉
昔人既已往二賦雪堂留月小高山出風淸一
水流縱觀無少我長嘯託遨遊不竭杯中酒何
如壬戌秋

赤壁　王澤弘

旣非割據三分日赤壁名何此地晋百道江聲懸閣外四圍山色出樓頭雲歸白雉晴嵐秀雨過南屏瀑布流誰是雄才能作賦頻將風景筆前收

得家報喜赤壁重修　王封濚 慎菴

沙陽與齊安相去二百里俱以赤壁名鏖兵者誰是蘇子謫吾鄉癖好佳山水秋同二客遊月落扁舟裏寒夜策短節釣艇橫烟泄兩遊俱作賦數往不勝紀賦又文敏書合貴黃州紙江山

既婉變亭檻亦清綺躡屩有幽人嘯歌皆韻士過客偶留題讀者任臧否百年事驟非焚樓過寸晷籌畫豈周郎東風吹不已名蹟久已湮壁痕依舊紫野鳥嘂殘垣麋鹿眠荒圯遊人重咯嗟矗矗培塿爾席地列壺觴捫蘿尋故址斷碑苔痕封憑弔各徙倚風流賴不墜修葺有刺史胎蕩太傅才清瘦閬仙美揮霍集羣工節俸巍薪米霞明勾漏沙材取蜀山梓櫰楠咄嗟辦亭榭巍然起少陵舊草堂刻石有黃子右軍洗墨池白傳重經始籌此傑搆雄不受山靈訾逝將

托短章聊以寫仰企安得飛雙鳧一鵲雀躍喜
樵人與牧人過焉勤黙指珍重告後人勿諼可
齋氏爲政有餘閒矩矱當視此

喜賈公祖重修赤壁恭賦二律

王材升

城西勝地久荒涼誰爲山川黙綴恢氣象頓新
誇赤壁規模復舊頻黃堂畫梁朝暮多霞彩粉
蝶陰晴映水光也擬染毫題好景只愁枯澁是
詩腸

慧業風流堪萬古頻頻出郭想追陪眞知郡伯

蘭兼竹不讓坡仙賦與梅天地祇須窺几案江山况復對樽罍忽傳　北闕除書至倍使遊人笑口開

赤壁　　王材任

樓臺寥落負山頭峭壁嶙峋截上流嵐色遠含千嶺霧湖光平映一欄秋古今長是天無際才命何如賦獨留我亦解知坡老意欲將天地寄蜉蝣

亂石山頭蘇子亭懸崖重疊出奇形滿城炊起烟中閣入檻峰生畵裏屏湖水瀲波時湧月遠

村如繡自零星隔籬最喜孤僧舍夜半鐘聲萬
想寧

赤壁　　　　　　　　王材美

巍峩赤壁踞城頭勝跡緣從蘇子留高閣盡收
羣嶺翠一亭俯瞰大江流雨來山頂烟封砌月
到湖心影在舟最是夜深諸品靜風光景物更
清幽

黃岡勝景獨斯山峭壁嶙峋接遠天一嶺蒸霞
浮畫閣萬層丹粉晒晴烟江分白練穿湖碧雨
過紅珠濺地圓每度登臨心俱爭況留蘇子賦

當前

赤壁　王茂勲

亭臺縹緲接雲端放眼方知天地寬載酒登高誰作賦臨風懷古獨憑欄山含宿雨青重疊樹帶晴烟翠一團景物當人歸興懶磯頭坐對夕陽殘

赤壁嵯峨景最靈背當城堞面南屏湖波排蕩平吞閣山勢循環曲抱亭近市炊疑意外翠隔江峯送檻前青獨嗟揮翰輸蘇子空向筵中醉酥醽

恭誌賈夫子重修赤壁徵詩紀勝調寄滿庭芳　　王策勳

蘇子遺蹤，名公盛舉，正如千載同心。鳩工相址，樓閣一時新。軒對平江如帶，夕陽裏、帆影縱橫。極目處，雲高白雉，烟霧重南屏。　丹阜凌空界，堆霞積錦，別是紅塵。湖光掩映，似潭水桃源。誰復登高覽勝，賢五馬、賦動陽春。堪自笑，東施急顰蹙，顰效西顰。

登赤壁　　吳升東　巢薇

晚携藜杖過臨皋，躡屐嵯峨未覺勞。秋思恰當

楓落岸閒情猶憶月明射魚龍潑臥澄江寂虎
豹斜連粉蝶高作賦泛舟人已往只令風景屬
吾曹

登赤壁時重修落成喜賦

絕嶠重看掃綠苔虛堂遥對武昌開碣縣半壁
浮雲滿濤挾三江倒岸來倚檻最憐鷗夢穩掠
舟還憶鶴飛回從兹不斷城西路月白風清數
舉杯

邵伯賈可翁祖臺先生齊安賢太守也重
葺赤壁江山增色歲丙子江漲稽天余觸

以重陽前五日至郡同内弟孫子仲宗姪羽叔泛舟攬勝復艤棹放龜亭北對夕陽而共酌不覺俱醉亦可云赤壁之遊樂矣漫成五絶

鄭昱

石磯突兀倚城闉兩賦文章筆有神爲愛循良賢太守江風山月一時新

曲檻危欄步步幽波光雲影四窻收星槎一葉浮天上髣髴當年壬戌秋

水環磯下勝常時浩淼烟波盪兩儀安得欄江千尺線垂綸天半釣蛟螭

周郎孟德總成虛，自古山河百戰餘。赤壁只緣蘇子重，黃岡何必辨嘉魚。

江天一覽興徜徉，倚棹亭陰共舉觴。二客從余余亦樂，高山流水駐斜陽。

郡伯賈可翁祖臺年伯大人重修赤壁落成敬賦一律　鄭可格

赤壁重新荆棘開，于今又見子瞻來。堂仍題雪詩千首，竹可爲樓酒百杯。一幅湖山收几案，三江煙雨入亭臺。從遊俱是凌雲客，追步徒慚倖賦才。

紀遊詩并序　李木菴

康熙丙子夏予舟次黄岡邑令錢愼菴爲予舊交招同蘄州守張大菴遊赤壁門人周雨田及叔卿雲弟松嵐允華以設宴於此不得遊余故未溌坐也薄暮相携復來先從山後看赤壁方拾級而上謁坡仙像尋諸遺蹟再過東偏登高臺待月時四月廿日也久之月乃出水光山色歷歷如畫叔卿雲弟允華欲返武昌余與雨田弟松嵐北發假此話別席間同松嵐聯成廿四韻散時漏下三鼓矣太

守賈可齋余曾熟識知爲博雅士重葺此地
書畫繽紛最愛其用坡公赤壁之遊樂乎何
題額遊者去時方見位置絕佳故詩內及之
余來可齋以公事入都惜未偕遊而大菴蘧
署郡篆又幸得把臂赤壁也草草愧不成詩
聊以紀事云爾

千秋存赤壁 木菴 一旦過黃州得主成良會 松
嵐 携朋續勝遊自誇重俯仰 木菴 衆喜共夷猶
斷岸先驅馬 松嵐 層坡即杖鳩石奇低處看 木
菴 好景半空收戰壘迷前跡 松嵐 騷壇據上頭

短長詞錯落　木菴　前後賦風流洞杳思垂緌　松嵐
牀橫擬抱裀孤亭蹲虎豹　木菴　傑閣舞蛟虬
待月纔逾望　松嵐　迎風儼欲秋添衣凭畫檻　木菴
側帽聽更籌遠渚漁燈暗　松嵐　高城雉堞浮
早知辭海島　木菴　倏見上江樓影動山山染　松嵐
光騰樹樹幽仍圓何讓扇　木菴　已缺未如鉤
檪坐頻瞻矚　松嵐　離筵逓唱酬無肴修潔喜　木菴
有酒破除愁肯下危梯去　松嵐　還從夏屋留
虛窻供指點　木菴　殘碣恣冥搜客到欣增葺　松嵐
君歸念遠投妙能相借問　木菴　戀此願常休

地以蘇公著松嵐人堪賈傅作搖鞭尋舊路木菴列炬出荒丘憑吊情無限松嵐侵晨又放舟木菴

紀遊詩并序

李允華

山水之嗜自童年而已然獨黄之赤壁經其下者凡廿次恨皆有阻庚午春偕伯兄起南僅一登焉荒烟蔓草觸目感興丙子春岳適亭學使相携按黄值郡伯賈公重新後遥望迥異當年私擬事畢必登此山既果如願遂假禪榻留四晝夜不忍去雨中獨眺塵慮皆

清署郡張公爲文交亦憚於一見時家木菴
兄奉命祀嶽先渡湖訂予遄往予眷戀於此
弗顧也閱月後復偕叔兄輩來兄已詳序之
斯山也位置典雅煥然改觀摩抄題詠悉高
超可想而樂乎一問如聞孫登長嘯振山川
之靈秀發賢德之幽光賈公之願力弘矣哉
設徒以爲風流太守而樂道之豈知名賢者
耶予何人斯前尋孤賞之眞後得同心之樂
結山水勝緣非偶然者坡公前後詞賦在上
曷敢有言賴兩兄聯句因倚韻和之共紀其

事兼攄別懷
赤壁重開面齊安列上州乘春耽獨賞入夏快同遊丹雘增新搆經營見大猷梁間巢賀燕樹外聽鳴鳩斷岸蒼烟合層巒返照收山雄橫楚尾江闊走吳頭曠世追先哲孤懷邁等流賦堂盈石碣仙榻冷衾裯待月招黃鶴移星挂素虬清燈明似晝芳讌爽如秋寺近宵傳磬城荒夜報籌放歌鷗影泛潑坐兎光浮甫燿蘇公座疑升庾亮樓金波澄水靜玉宇徹巖幽楊隱何勞剪青蓮擬作釣竹林襟共豁朋好頗交酬巘得

三更聚難怠一片愁燕臺天使去鄂渚酒人留
詩溢煩勸補書殘漫苦搜篷窗程欲迫蓮幕筆
初投愧我踪無定還鄉夢未休蓼莪千里恨萍
梗半生侔肝膽餘雙劍乾坤問九丘終南翁不
見一葉孰爲舟

遊赤壁記　岳宏譽

楚自蘄黄達嘉魚江岸率多赭石自子瞻兩賦
出而黄州赤壁獨傳以迄于今數百年間騷人
逸士幾經登眺題咏其有子瞻之才者風流佳
興激昂千古以子瞻絶唱在前雖有作者欲爭

似壬戌之秋冬而不可得即無子瞻之才者天眞流露怡情風月亦莫不各暢所欲而返然其泯泯無聞則何可勝記也甲戌冬日余按試黃郡會一稅駕焉越三載丁丑秋八月復過其地太守賈公可齋偕董別駕邀余作竟日遊登東皋憩北堂望西嶺憩南岡倚石欄而躡峭壁挹雲氣而俯蒼茫于是飲酒樂甚太守爲余言江水泛漲直抵山麓郡人云此數十年來不多見惟去年及今見之時已薄暮具舟楫携樽罍且歌且飲放乎中流仰視赤壁若升若浮嵐氣突

兀如龍如虬明霞遠映濤風悠悠洗盞更酌快哉斯遊余恍然以思數然以望舉盃以屬二公曰君卿今日之遊樂乎不以舟不盡此山之勝不以暮不見此遊之暢也七月既望非乘明月而擊空明乎步自雪堂非夜將半而聽其所止乎蘇子之遊以舟僅登高則斷岸隱江聲矣蘇子之遊以夜卜其晝則橫江無白露矣且蘇子與遊止一二客耳無事乎高會滿座也吹洞簫則倚歌和之舉網得魚則索斗酒佐之無待乎列賓筵選聲伎也乘興而至興盡而反相與枕

席乎舟中不必刻期以招亦何用欲眠且去也
不速之客造有孤鶴之横江憑虛以遊不知東
方之既白必如斯遊而後可與言赤壁之遊可
與讀赤壁之賦今日者天朗氣清夕陽西下山
色空濛水光浮白造際江水泛漲汪洋萬頃微
波容與而吾三人相與汎舟其間徘徊弔古其
徽有合于昔日之遊乎二公相視而笑莫逆于
心可齋曠世軼才治黄三載文章政事追配于
踣余其同遊之一客也姑爲數言記之若曰以
歲壬戌之秋冬而終不可得矣

赤壁詩

東望臨皋數問津旗亭疎柳色增新江山選勝邀詞客風月當秋待主人放棹中流隨蕩漾攜樽絕壁看嶙峋黃州太守風流甚蘇子前身汝後身

葭蒼露白正凊秋況是名山足勝遊孟德英雄盖赤壁子瞻詞賦重黃州側身懷古還長嘯斷岸悲風復泛舟孤鶴徘徊疑夜半戛然何處傍江流

俯仰登臨亦快哉長江渺渺自西來烟凝薄暮

千山靜響動涼風萬壑哀天地高淩容此老山
川風雅屬仙才絕塵二賦千秋上彷彿良遊一
舉盃
短棹輕帆下武昌連江帶漢入蘄黃頻年楚客
家千里今夕伊人水一方露冷篷窻鷗伴宿風
飄錦字雁迴陽鱸魚蓴菜情何限新製荷衣與
芰裳

赤壁　　　王無懲

遺賦存今古江山復此遊雪堂來返照赤壁倚
高秋空望三分壘長懷二客舟洞簫何處起吹

散旅人愁

立春前二日遊赤壁　宫鴻曆

背郭連江飮渴龍新成飛構壓高墉齧山白浪晴翻雪爍壁彤霞夜舉烽與客一筇過勝地得閒幾日是殘冬亭碑剝落丰神在指點坡仙舊筆蹤

赤壁觀可翁畫竹漫成一律

萊公竹顆何年活坡老梅花分外妍寂寞誰能參後乘風流君便壓前賢亭亭玉節捎雲瘦裊裊風枝咽露乾我與長沙自親舊山僧莫惜打

俾錢

懷古 子瞻在黄有寓定慧院適女王城諸作又黄州城中營田數十畝公親墾除菰蒿自給署曰東坡

水是衣裳月是魂髯翁精爽至今存偶爲地主留風賦莫向山靈辨燒痕定慧院空誰復到女王城古在何村我來不傚年時夢且吸齊安太守尊

營田親闢署東坡蹤跡何殊樂澗阿江上人邀孤鶴夢舟中客和洞簫歌孫郎覇業依然在周子驗壇不啻過難得河東賢刺史别開亭榭備

晴波

乙亥十月之望刺史賈公招續赤壁之遊

敬和元韻　舒楨

讀賦神飛夢裡遊登臨承摯立峰頭坡仙逸興當年事刺史高風今夜脩鐵笛聲從雲外裂金樽酒自月中浮渾忘身是他鄉客大醉聯吟去復留

前題　舒振宗

賦推前後兩番遊今喜登臨侍黑頭臺上人如冰鑑玉樽前鬢憶子瞻修簫聲清徹江聲合月

色空明山色浮今古風流誠仰止巍軀慚媿未多留

舒鳴宗

未聞高會已先遊步堞頻升到上頭蘇子文章存舊跡使君丘壑喜新修徐登絕頂心胸豁縱望長空景象浮翹首江天無限意欣逢飛翰又相留

才人自古尚遨遊挾友同登石項頭勝事既承先達致流風應許後人修邀來遠嶂青如滌望去平林翠欲浮一片曉烟隨眼白傾樽玩月共

淹留

如坐冰壺不夜遊當筵可作小蠅頭書丹錦字
隨拈出天縱雄談豈用修四座清風揮麈至一
杯明月對山浮申明約束緣酣飲酒令如軍敢
逗留

撤開几席任優游各得怡情踞虎頭客子無能
隨麈後明公有意示文修愛才下士誰能爾以
道爲心氣不浮艮會多聞王佐論私衷猶欲久
遲留

錢之青

赤壁由來二賦傳江山一望自超然登臨到處尋遺蹟飄泊隨秋伴釣船敢謂悲歌同宋玉聊將清興荅坡仙欲知太守風流遠只在梅花竹石邊

陳朝鼎

當年曾向雪堂過此日登臨發浩歌二賦由來傳赤壁千秋誰復繼東坡夕陽送客砧聲急明月依人酒興多爲問風流賢太守横江孤鶴夢如何

晚登赤壁偶成　蔡震升

晩風嘗艤首牽纜傍沙洲不惜黄泥滑來尋赤壁遊江山如話舊詩酒亦分憂鶴夢今宵穩中天月一鈎

赤壁懷古　　郭濤

層臺矗與暮雲蒼緊傍州城磴道長兩賦底今留赤壁百年懷古上黄岡軸轤北散空江咽烏鵲南飛夜月凉年少書生能料敵行人猶自説周郎

春日赤壁懷古聯句張汝楊雲蔡齊殿曾踰連蔡楠張垣共題

大江東去欲何之 張汝 江上峰青似昔時敢以文章邀俗譽 楊雲 不妨詩酒寄相思英雄有淚悲長劍 魯踰連 遊子多情戀故衣白鶴好來春夢裡 蔡齊殿 乘余身伴赤松歸

天涯極目思無窮 張汝 萬頃蒼茫落照中樓閣自成新歲月 蔡齊殿 江山猶是舊家風誰人得步遊仙賦 張垣 若個能追道士踪十載雄心今已矣 蔡楠 行藏還愧釣魚翁

赤壁懷古 黃夢麟

砥柱江黃表大觀荒涼漸見草漫漫一經結構

重開爽萬古風流永不湮鶴夢衣裳塵外境客遊水月鏡中天嘯歌兩賦思攀步應得隨風作者巔

步前韻　黃有道

赤壁重新一改觀登高懷古意漫漫周郎覇業今安在蘇子文章世不湮滿岫紅霞猶映日横江白露亦連天從遊二客歸何處胡不重來躋此巔

赤壁八景　浪陶沙

二賦堂

堂倚白雲遏兩賦蹁躚宏文倚麗古今傳作賦
仙人何處也留蹟霞巔　水月助波瀾筆底雲
烟江流直與表奇觀題盡騷人多少句難與爭
妍

玩月臺

江上夕陽斜風掃殘霞少焉東郭吐光華蕩漾
湖光連碧漢幾處吹笳　賞月轉情賒呼酒頻
加登臺不戒夜乘槎好把金樽相對酌此樂無
涯

睡仙亭

仙子已高騰石枕猶存等閒何事臥烟雲道士羽衣當日夢無處追尋　遥想夢中身別有乾坤黄粱此地亦能成何必瀟湘雲夢滓掃却紅塵

剪刀峰　相傳飛來峰

何處女風流飛到黄州孤峰壁立大江頭繡閣玉人無覓處久傍仙樓　黛石結爲儔牙尺焉求機中多少別離愁裁就雲霞鋪錦綉付與詩翁

放龜亭

亭踞大江東人去亭空白龜此處樂無窮放蕩
烟波風浪裡笑别漁翁　誰想這奇逢驀地成
功將軍足下報恩洪記得磯頭當日事恨煞英
雄

白蓮池

粉質發幽光撲鼻清香丰姿秀潔鎖鴛鴦十里
薰來渾不見赤壁磯旁　色不染衣裳淡掃容
粧會叨君子譽名芳自去濂溪知己少空倚池
塘

酹江亭

峭閣傍磯頭雲水悠悠湖光瀲艷映江樓爵對烟波無限樂不必瀛洲　曲曲赴東流飄蕩閒鷗此身何必苦營謀一首新詞一首賦酌盡金甌

坡仙梅

玉骨雪爭輝占盡花魁坡公何意把春回圖畫冰肌懸峭壁幾度傳盃　仙筆至今垂和靖風徽歲寒誰與鬬芳菲踏雪知音何日遇展却愁眉

和岳聲國赤壁詩原韻贈可齋賈刺史

王琯

此地由來是要津蘇髯去後景常新江山好處多賢吏風月佳時欵韻人望古長懷隨唱和倫君先已叩嶙峋定知日後登臨者歷數名公到爾身

西陵勝槩幾春秋巖得詩人汗漫遊天與好風傳赤壁地因佳賦顯黄州誰携琴鶴時題咏我望烟霞欲放舟轉盼來年重過此攀躋直上聽江流

一世之雄安在哉空餘鷗鷺去還來山容尚示

曹瞞愧江笛還爲公瑾哀夜靜有時聞鶴唳月明何幸遇仙才風光滿目今猶昔興到何妨飲巨盃

帶水盈盈接武昌疎篁密竹氣蒼黄頻年攬轡思名勝今日褰帷到此方愧我未能揚聖教多君久已布春陽亦知賈誼將前席辭却名山補帝裳

賈太守招遊赤壁未果

山川雄要稱三楚山川秀麗稱隆斗山有赤壁俯長江人有風流蘇太守昨自滇南受命新奔

馳直過洞庭口琅琅濟濟滿珠璣兩湖無負誇
才數今春始上齊安道校士餘閑懷古叟阿瞞
雄兵雖百萬奇謀無出公瑾右子瞻落筆生雲
烟賦就千秋歌不朽適逢刺史賢且明淸風皓
月偕艮友招余同遊蘇祠邉說來夾岸滿花柳
路徑曲折景致奇亭榭参差隨處有攝衣登巔
望無際風湧浪激濤聲吼四方遊覽屐齒多洞
簫隱約蘆中奏聞之不覺神欲飛歎然徘徊又
艮久祇因王事弗敢羈扁舟迫向巴丘走我今
暫且别斬黄頵訂來春覓詩酒美君名已達帝

都此地應難重聚首

丁丑小雪乘風遊赤壁　周若鼎

少年快讀東坡賦赤壁佳遊夢想中何意皋亭當小雪恰依嶋石御仙風踞山虎豹仍然在橫槊英雄久矣空莫是三生曾過此如何我亦號撑翁

木落湖平水不波惜無斗酒醉崖阿丹楓與石爭顏色綠字捫碑羨詠歌身逐虛舟逢岸泊影隨孤鶴掠雲過江天寥郭增豪興欲覓鱸魚問釣艖

夏日次歐小修再登赤壁韻書感四首

陳隣臣

平平石磴路非危，箕踞殘碑蘇子遺。擊筑燕臺今已矣，吹簫吳市更何之。交輕寶劍延陵義，暑厭寒衣栗里詩。回想山窗風雨夜，松聲如和苦吟時。

鐵笛英雄聽轉哀，且尋樂處好徘徊。揮毫但有詩千首，對月偏無酒一杯。雲裏飄飄黃鵠舉，泥中冉冉白蓮開。闗山舊侶勞魂夢，那得鴻書萬里來。懷友滇南也

家難何堪感慨生東西南北任孤行襟懷漸與秋雲淡心迹差同夜月清近水沙鷗閒自適入林棲鳥夢無驚從今只合忘身世莫訝莊周看不明

危坐心齋罷草玄斷魂往事淚潸然思親去國歌猶哭念祖忘家路幾千先中憲潔身去國先大父國爾忘家故云一曲洞簫懷羽客兩篇詞賦企坡仙安仁有約廬山去何日乘舟也扣舷

登赤壁次觀江漲韻得樓字

躡屐同躋最上頭巍然高任砥中流臺名玩月

清無敵筆走游龍賦全留滚滚長江催泛宅蕭
蕭落木任悲秋髯翁獨有烟波趣釣罷還登舊
酒樓

丙子春日同湯栁堂王雪廬登赤壁

壁立巉巖勢絶崇望來雲樹遠蓊葱當年戰伐
人何處此日登臨賦未工縱眼總超塵俗外置
身恍在畵圖中春融不少逍遥意擬向磯頭學
釣翁

熊軾忻瞻太守囘風流佳句出新裁錦帆儼自
雲霄下白髮還從蔀屋來繞郭幾人多灑落凭

欄隨處好徘徊山肴野蔌生涯足笑指梅花次第開

赤壁感舊

良朋曾與共湖邊城柝敲殘曉東天明月久無沽酒店清風誰上打魚船隄呼御史名空在（隄爲易御史鶴崗先生所築至今名爲易家隄）峰紀坡仙石尚傳（謂剪刀峰也）焉得洞簫吹一曲倚歌而和最高巔

壬子典試四川還朝遊赤壁即事十九韻

鄭日奎

漢魏事已陳楚江尚如帶扁舟下西陵羣指赤

壁在徘徊詢古跡喟焉發長慨憶昔炎運末天王律已壞神器淪榛莽羣兒競狡獪魏帝起鄴城氣已籠一代屈指論英雄一言不相貸惟使君與孤蠢蠢失流輩當其下荆襄目本無吳會舳艫千里接勁弩襍長鎩横槊賦詩時傑然露雄槩詎知吳兒能水戰足倚賴天意未㦰劉東風起光焰一炬犀甲焚百里頓狼狽遂令紫髯翁坐有江東大奈何豎儒流論人以成敗壯士吞吳憾千載幾沉晦我來過壁下把酒臨風灑猶聞英爽怒江聲日澎湃

丙子秋重遊赤壁見其煥然一新而嘆太
守賈公之風流文采卓越羣倫也已而展
閲先儀部公原作又不勝其悲焉敢步原
韻以書于後　鄭慶閶
彭蠡與瀟湘迢迢隔衣帶遊子三過茲青山宛
然在詩卷何姍姍詞人多感慨我前泛輕舟舟
從丸江壞驚魂尚不安馮夷同狡獪俛仰悲尤
浚暑寒已更代如彼駒駛隙春秋不肯貸當年
隨權關先嚴甲辰權荆關由此復命滕下儕童輩先人愛客
浚携來與客會謁瓛讀父書賓與憐羽鎩一命

待何時鶉衣百結槩美哉太守賢遂令勝境賴廉吏捐俸薪赤壁爛光惟正統自炎劉孫曹都狼狽千年大義明寧言勢小大自古無不亡有興必有敗徘徊玩月亭舉目偏陰晦帆去復帆來淚向西飈灑誰能挽東流莫使滔滔湃

赤壁重新過此偶作　王言

闢破欲崎路平原遶斷垠山横樊口障柳鎖渡頭春舊日躭遊客當年作賦人風流賢太守江月一時新

赤壁寒眺　呂德之

無際蒼生望可憐登臨最好是霜天長江滾滾
寒烟外斷碣離離夕照前文字逐時成雅製山
川愧我憶名賢高淸風起殘醺退人在紅霞第
一巔

太守風流制度良新成臺榭有輝光雲陰慘淡
三冬日筆墨淋漓二賦堂滿壁舊遊空姓字撲
天幽靄戒衣裳凭欄不盡登臨意何處瓊簫奏
夕陽

冬日同杜伯緘家從祖豫庭夜飲赤壁

王子中

峭壁𡍼郭北危樓嵌水涯蓼花開刼火石岫飲
殘霞月起號羣雁風高落暮鴉遥看半明滅燈
火是漁家

春日同友人小酌赤壁

峭壁危樓接太荒凭欄歷歷數帆檣青黄幾片
山僧衲瀲灩一泓西子粧惟石膨脝蹲虎豹斷
碑零落剩文章遊人且莫催歸急典得春衣貫
酒嘗

覇氣猶横惟石磯仙蹤空閉老僧扉薰風滿面
人如醉青草平湖馬自肥坐上許誰長壓柄田

問容我舊簑衣 婁公當日埋書地五百元豐是
也非

赤壁擬古　張翰操

吁嗟咄哉當年誰令髯公來多應山水都招作
賦才一麾出守踞崔巍揮毫潑墨破莓苔浩然
長嘯山之隈祗今傳兩賦寒澗鎖荒烟晨曦啼
宿鳥日暮泊漁船多少懷古客斷岸徙倚焉望
巉巖踞虎豹殘碑甩礫翳古道長公勝蹟没荆
榛一似漢寢與唐陵誰是當代著作者再來賡
山之後身長沙太傅有令名嗣裔似續鎮巖城

朱轎憑欄登灌莽一朝平堂構瞻枚實亭臺次第新瑶章淋玉屑筆海濯詞人我來登臨俛仰不勝情短歌一闋爲君聽君不見浩浩長江如疋練往古來今流不斷又不見西山黛色遠橫青朝朝暮暮列翠屏滄桑幾變誰不變文章萬世重如琳吁嗟萬世重如琳可知後來之視今

春日赤壁懷古　王光典

鳥外亭高一徑懸赤霞半落古城邊石崖日暖花飛座草樹春回碧映天孟德詩成擄慨杭子賦就隱雲烟江流不盡千秋意懷抱登臨印

大篇
我來特拜蘇夫子烟水茫茫一望通孤鶴猶留
雲外影清音時襍壁間風半天花雨巉巖裡萬
古山川落照中情到何須傾斗酒披襟長嘯碧
霄空
當年事業付樵漁兩賦千秋半子虛但記江山
風月好却忘赤壁在嘉魚
浮沉千古問東流横槊英雄美魏侯無限愁思
憑一鶴老瞞應亦恨黄州
赤壁重修漫賦　　蔡應謨

烟水浤浤浸客愁憑欄長嘯一登樓昔年詞賦
今堪續往哲風流迒獨收修竹幾行新赤壁甘
棠千載蔭黃州莫言此日無聞見恍覩坡仙再
泛舟

坡仙亭感賦 前韻

萬里江流九折愁驅愁無計强登樓魚翻錦浪
波偏闊鶴唳晴空霧未收偶爾看詩來赤壁寧
因沽酒戀黃州徘徊莫賦傷心句今古詞人在
上頭

春日從家大人登赤壁喜見重新

蔡佃隆

春風拂盡古今愁吳楚奇觀更上樓雙眼常憑青白放雄文快覩後先收一朝結搆知新政千載風流羨此州波浪晚來翻赤壁詩成高詠白雲頭

坡仙亭感賦用前韻

宋室孤忠一代愁繁華客夢散危樓去來鳥語三春遍上下帆檣一望收自有寶山供椎石尚餘風雅在黃州綠楊橋畔西江月生事都忘曲水頭

赤壁懷古　　尹先覺

極目登臨赤壁遊大江東去幾時休三朝風景寒烟盡兩賦文章野草收雲影尚存名士况山光欲接昔年愁月明星夜南飛鵲今古同悲不自由

赤壁有感　　李治

宋代風流五百年歸然赤壁大江邊山生閬苑霞爲岫水漾銀河葉作船誰信三分同事業偏宜一枕尚高眠尋常好把蘇碑覔說與時人莫浪傳

登赤壁　　歐陽思永

磯頭傑閣望中新踏盡丹梯遠俗塵太傅聿興風雅地坡仙猶戀雪堂春非關載酒方爲樂不信工詩但以貧千古名流渾一致凌雲綵筆自通神

嘉魚赤壁已平平此地喧傳赤壁名二賦雄才畱宋代千秋勝槩重郛城躋觀不盡騷人意長嘯聊躭暇日情坐倚石床安穩甚虬龍虎豹傘無驚

巉巖百尺俯川流光映横江館上頭逝者如斯

曾未已知其所止更何求魚鰕自去爲人得麋
鹿須來伴我遊莫道仙家風景異逍遥此即是
丹丘
惟底烟霞分外妍依稀一悟見前賢地靈毓秀
眞難寫山色塗丹似欲然竟日淹留誰把袂徧
舟放浪好臨川漁樵滿目皆清況愛此幽尋任
往還
蜃市樓臺未許同怡神似坐斗牛宫何堪繞樹
烏啼月不復横江鶴御風羽化飄飄遺世立弔
懷渺渺送尊空載歌載笑徘徊久酒況毫無本

醉翁余不能飲

赤壁懷古　史城

坡仙與客泛扁舟月白風清江上遊壬戌不知經幾許登臨如見舊風流

紀遊

赤壁江邊暫繫舟爲尋幽勝上磯頭幾多臺榭凌蒼靄無數碑題篏豬丘三國英雄誰是主千秋風月老蘇收人生總屬蜉蝣寄對景何妨小

詠酬

赤壁懷古　照•坤

由情乘興到磯頭蘇子雄才兩賦留遠近烟波
横赤壁蕭疎雲霧鎖黄州霞天落落千年畫山
水悠悠萬古秋極目長江還泊裡登臨猶見大
荒流

登赤壁七律四首　魏信徵

焕然赤壁快名遊不覺凌霄畫棟幽薄海騷人
爭綵筆一時雅集望黄州紅霞岫裡臙脂雨碧
水灣中翡翠鷗勝槩三湘推第一春風醉即仲
宣樓
東風不借此間吹欲問嘉魚便得知世事渾同

蝴蝶夢名流空嘆鳳皇池千秋韻事坡仙擅百代芳徽太傅奇長嘯磯頭樓閣影徘徊獨上起幽思

桄石吹簫意已奇剪刀峰下浪漣漪快遊不倦寒霜月獨坐還裁錦字詩滄海幾經天耐老魚龍數變窟難移徒存二賦昭千古祇賸漁簑把釣垂

水月精光照荻花騷人何意走龍蛇雲從閣下穿丹磴窓落江心漾綠紗石惟逕斜蹲虎豹岸欹波靜獲魚鰕一層最上通仙界帝座香烟氾

赤霞　　　　　　　　　　　　蔣廷龍

太行名世借黃州赤壁依然壬戌秋邀與東坡眞僉駕雄圖南紀足風流江山如舊披奐炎堂搆維新壯楚丘到此浮生忽眼底乾坤擡首一乘樓

　　　　　　　　　　　　　　鄒兆虬

赤壁巖巖居士心夕陽疎柳淡雲林洞簫響徹蛟難起仙桃蹁躚鶴夢潑兩賦千秋懸日月九州四海屬黃岑黃庭堅云九州四海知有東坡早知元祐珠厓

去萬頃菰然何處尋

登赤壁有感　吳袞襄

同爲過客寄黃州俯仰山川續舊遊縱目欲窮吳楚勝放歌聊寫古今愁影沉萬頃焚龍窟勢截三江吞碧流徙倚空亭傷往事一聲長嘯起沙鷗

赤壁懷古　萬廷芝

石床曲徑接江城物是人非幾變更潑墨題詩傷往事臨流送目起新情參差短笛横牛吹斷續風帆拂岸平漢殿秦宫今已矣眉山芳跡特

崢嶸

爭傳此地古鏖兵抵掌悲歌逸興生陵谷漸隨時代革衣冠半借傀儡呈望中圖畫曾風鶴壁上文章任縱横尺寸恍經蘇子價臥龍誰復平孤貞

樓閣嵯峨聳翠屏振衣千仞濯雲汀風翻夏口驚濤白竹映臨皋野寺青海燕不知人已換沙鷗長與物忘形嶙峋惟石癡如昨彷彿當年醉未醒

赤壁懷古

萬廷荃

登眺憑高過彩虹江山如畫傳時雄堪嗟傀儡風流別誰識滄桑幻影同磊落忠魂瀰宇宙琳瑯骨鯁臥荒叢他年指破春婆夢不復丁丁在聽中

憑臨勝概等三峰極目風烟淡復濃多少新詩題雋憾幾行鐵畫識芳蹤遊人掩淚零蕭露野老吞聲古寺鐘收拾夕陽歸棹晚一灣月色已溶溶

遊赤壁磯兼呈太守賈老先生

姚文滎

從來佳地以人傳載酒風流學士先赤壁斜吞
江漢水白雲遥辨楚吳烟當年眺卧仙翁樂此
日經營太守賢墨竹瑶篇鐫石滿堂書二賦羨
丹鉛
碑聲治績播長安五馬公餘興未闌山水有靈
君地主江湖浪跡孰騷壇慨分官俸勞重葺常
許遊人作大觀風雅神交懷賈傅高才多半出
三韓

遊石頭口賦呈太守賈公

華亭後學陸崑曾

蹔作黃州客聊乘赤壁船風流來賈傅好事類坡仙苔蝕斷碑字花飛古楊烟那能謝塵俗于此百囘眠

德吉

乘興登臨最上頭坡公遺址自清幽喜看高閣連雲起笑挽長河入鉢流疎落野梅晴欲放微茫沙岸望中浮却慚岑寂無能甚仙客何緣得共遊

楚江依舊水成紋幾點青山隔岸分峭壁欲爭楓葉老遊人半帶晚霞曛已無荊棘迷行路又

上樓臺送過雲萍跡空空原不問一瓢一笠媿
何聞
石上梅花秋復春使君緣竹結爲隣揺來明月
樽前酌聽去寒香笛裡新堤畔柳衰閒躍馬磯
邊風細静垂綸坐看歴歴俱佳勝極目蒼烟落
雁頻
空庭霜葉逥無塵滿眼文章更可親獨對湖山
雙雪鬓猶慚宇宙一閒身晚聽牧笛殘霞唱早
警晨鍾落月頻虚壁朱顔仍似昔聊將俚句效
前人

踞城石壁大江邊策杖頻來看遠天素月昔曾
迎畫舫題詩今忽憶飛仙旌旗劍戟零朝露甲
帳關河絶戍烟斷碣崢嶸珍似玉風流原賴後
賢傳

同人招飲步韻　劉國定

江干懸赤壁勝侶樂同遊遥睇山平檻憑虛石
作舟壁峩臨月榭丹蒦焕江樓飲到忘機處悠
然動客喉

沿崖攀石磴高臥撫苔磯鞏羽明霞曙亭樓散
日輝偕家登作賦太守樂忘歸古蹟翻新樣臨

江煥且巍

山水今生色今朝步勝遊層巒懸翠閣古木峙

清流問鶴孤鳴夜醉江幾度秋風流千古事太

守頌黃州

赤壁　汪家禎

晴霞染石向雲端滄海吾生一粟看悄憶吹簫

雙盪槳低思歸鶴獨憑欄荒荒烟樹齊危岸泛

泛凫鷗下急灘景物盡觀知不盡飛聲又聽搗

衣寒

磯頭脉脉接龍山亭閣流丹映水閒戞口只浮

殘照裡武昌猶在野雲間風高歸棹催銀浪雨
後懸巖點翠斑萬古勝遊君莫負還須斟酌醉
朱顏

畫欄曲徑倚高城每到題詩句屢更拂石坐來
如有約看雲飛去自多情簾前錦簇羣山拱總
外江寒兩岸平莫謂當年頻刼火才人文物復
崢嶸

周郎年少喜談兵赤壁磯邊百勇生逝矣英雄
空在望依然圖畫若爲呈苦耽詩酒聲名大剩
有文章山岳橫登眺不須悲慨遠已垂清史弔

清貞

亭稱問鶴對南屏縷縷漁烟出遠汀臘盡欲得千柳綠晴空時送萬山青波濤似撼樓船恨草木猶蒙虎豹形自笑追遊都不記傍人閒說醉和醒

赤壁懷古　金德嘉

黃州赤壁之賦在雪堂汝州量移一去烟蒼蒼元豐以來一十一甲子何人江頭月下懷周郎半山亭子鍾山曲集禧觀使曾相爭秉國成者福建子大兵大獄渾猖狂國是沸羹民氣索後

乃奄奄爲靖康憶昔仁宗手攬蘇軾之制策朕
爲子孫得一宰相於嚴廓英宗召試直史館解
紐僉判來鳳翔奇才奇才未進用神宗內殿明
矚何煌煌太后感愴哲宗泣金蓮送院之眷都
非常人臣遭逢累朝異數有如此安能模稜脂
韋而朝行丰骨稜稜兼翰藻其直如矢剛如鐵
代言草勅三危竄羣小側月徙跟蹌舒亶楊畏
一攘背章惇蔡卞之徒不可當上誣宣仁下衆
正元祐黨碑霾天閶新法蔓延僉壬之禍至此
極其械淩于節甫二漢溫二唐學士飄零轉徙

到僊耳樹下摘葉銘桄榔是時炎蒸蚤雨蒼顏
老囘首臨臯歲月如雲房滄桑易代已陳跡有
客憑弔神茲茲把公大江東去歌一闋安得中
山松醪爲公堂下羞壺觴

赤壁磯上弔蘇學士　金啟洛

山高月小黃州夜白露淸風赤壁椒東去大江
天漠漠多情有客獨吹簫
文采風流映雪堂靑鐙歲月白雲鄉夢中難到
京華路萬頃烟波一葦航

戊寅春仲應試齊安遊賈太夫子重新赤

壁俚歌誌喜　　鄭濟

臨江有壁高千尺斷岸懸崖誰劊闢鬼斧神工妙自然丹黃孰染顏成赤閱盡名流遍古今何人山水是知音髯公一見稱奇絕把酒携琴賦咏吟峭山趣喜嘲風月短調長歌題不歇詞客騷人任往還松舟檜楫來閩越面擁西山試劍峰樊湖春草綠芊芊横江孤鶴聲嘹唳夜半寒溪始擊鐘一自滄桑盛貔虎楚人一炬隣焦土雀鶴巢深狐上牀斷碑斑駁漁樵侮聖朝有詔百廢興坡公勝蹟頓回春雖經屢劊成輝煥太

傅文明制度新玩月樓臺高映水兩賦雙懸堂
峻起清詞妙句滿江紅大江東去堪媲美古餘
虬枝美老梅此君勁節出塵埃風流豈獨推前
輩更有神奇屬後來鉅靈何幸逢名手興續蘇
君良不偶公餘遊飲衆賓歡睡亭石畔醉太守
覽勝江山夙有緣春花秋月足霞烟掀天巨浪
升沉態景靜波恬平治年人間仙徑時來往何
用雲阿足修夤披裳乘月快登臨振衣恍嘯蓬
瀛上

陪可翁賈老堂臺登赤壁　楊玉桯

丹砂研色染孱顏身在僧繇古畫閒總藉經綸
開面目重將風月洗江山文章四壁龍蛇濕雲
物千秋景象還旣醉不妨凌絕頂唯公高致最
難攀

赤壁重新恭紀勝蹟　許祚遠

峭壁臨城擁勝遊虬龍虎豹瞰江流遥看銀練
從天落俯視雲帆動地浮鼇頓山容尊五馬總
持風雅著千秋文章政蹟無雙譽巖壑得聲名在
上頭

赤壁二首恭爲賈老大人賦　劉承啟

獨擅江山勝[illegible]流桃楚黃朝霞生戶牖倒影入
帆檣讀賦思樊口鏖兵重武昌何由起蘇子載
詠月明章

名山逢勝地層閣倚江流浩渺意中見烟雲檻
外浮一尊邀月小萬棹放歌悠召伯巡行處揮
毫有竹西

賈使君重修赤壁諸勝聿新載酒登眺以
詩紀事　　高簡　澹游

雲埋古徑已千秋此日登臨愜勝遊別有崇碑
爭二賦更催斗[illegible]送扁舟天閣畫嶝峰巒秀入

占騷壇地望優還許狂夫頻入坐醉拈霜管作
營丘

同諸子泛舟赤壁時涼颸破暑荷花盛開
蕩槳直抵磯下　張劭 博山

赤壁山高水落多今年江漲嚙山坡倚槐便到
龜亭下不用紅鸞細馬馱

雙槳如飛打夕陽沙禽水蝶弄微涼東風領雨
來前巘先送滿船荷芰香

同諸君集赤壁分韻　韓煐 有文

丹崖何窈窕琪樹故青葱風月無常主詩文擬

孰工凉飔飄袂細夕照射波紅莫問曾城路身
今閬苑中

赤壁新葺從 家大人遊命賦二絶紀勝

賈澤潤 楫堂

朱幡新蒞此山城生面重開倍有情自是髯蘇
賦中物烟霞較似往年清
捉管飛觴興未窮夕陽又射石欄紅何須更借
將軍筆繪入疎簾小閣中

曹澗

孤亭城角望西山一徑烟霞近可攀却笑少年

空讀賦如今身在畫圖間

堂構重開架石梯到來歌馬踏紅泥催歸更愛

江亭坐一任斜陽謝豹啼

登赤壁　　俞浩

扁舟書劍遠相携江草江花滿亂迷不是殊鄉

春有味爲憐赤壁在城西

百變陰晴景不同高山原挾大江雄試來卓立

龜亭眺石勢參差落鏡中

赤壁磯　　馮瑒

九里江邊第一磯欹雲挾霧勢俱飛蘇公具有

湖山眼翻笑從前識者稀

二賦堂

賦手由來讓六朝獨將仙藻逞風標波痕月色輕蒲盡筆洒神光射暮潮

赤壁　　姜世坦

華容一炬萬艘空赤壁原非此地中可是象形因附會不然竊號故雷同山殘紫府飛來色石似丹砂鍊就紅遂使坡公躭此處孤舟兩度棹長風

長磯盤踞鄂城隈古字碑殘滿緑苔雨過懸崖

紅玉濺軒臨遠岫翠屏開烟光排蕩空中閣湖影沉淪水底臺我亦有情空眺望可能作賦續前才

丁丑晚春同張玉斯郭嘉絢重遊赤壁武昌二尹謝豊亭爲斯遊主　會　沂

曲欄高棟浣冰壺太守身前是大蘇赤壁亭榭爲今太守賞可齋先生重修吳楚江天今古月瀟湘風雨舊新圖貫公有墨竹勒石與蘇公舊刻齊名遊當得意翻成懶倖足分杯不用沽往日黃冠初種樹綠陰千尺已巢烏尋巳酉訪張三持丁齋安宦舍曾于此作竟夕遊

賈使君邀遊赤壁賦呈二首　張汝瑚

名山屹立大江濆圖畫天然逈不羣千古才華推賈傅一時風雅繼蘇君臨流分韻吟明月就石移尊酌白雲爲說頻年多愛澤繞城棠蔭自繽紛

閒來携杖共探奇海內騷壇洵在兹隔戸瑤琴流水遠横江孤鶴片雲遲數竿寫出篔簹竹二賦裁成赤壁詩不是使君偏愛石只因堅潔與相宜

登赤壁　李國禎

大憲襟期齊碧漢坡仙亭榭映斜曛當年赤壁
今猶是欲問周郎事已非

湖上亭臺倚碧空振衣極目思無窮小詩亦欲
題名勝仰止前賢愧〻上

赤壁重修題詠　李谷蘭 久菴

抱山城郭映江樓歷遠行踪覽古遊山色如燃
公瑾火江聲負洸子瞻舟依稀風月無歌起寂
寞杯盤兩賦留獨喜增修賢太守時題佳句邀
相酬

蘇文忠公像拜而賦之時余將去關中

河東賈鉝

坡仙五載黄州住我比坡仙少一年臨去重過

亭下拜如承清誨到泰川

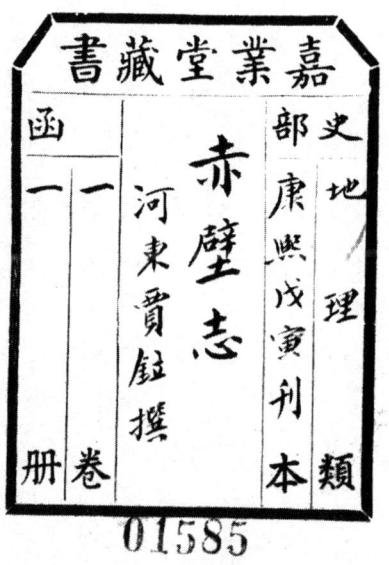

荆楚文庫

〔光緒〕隨州八景圖考

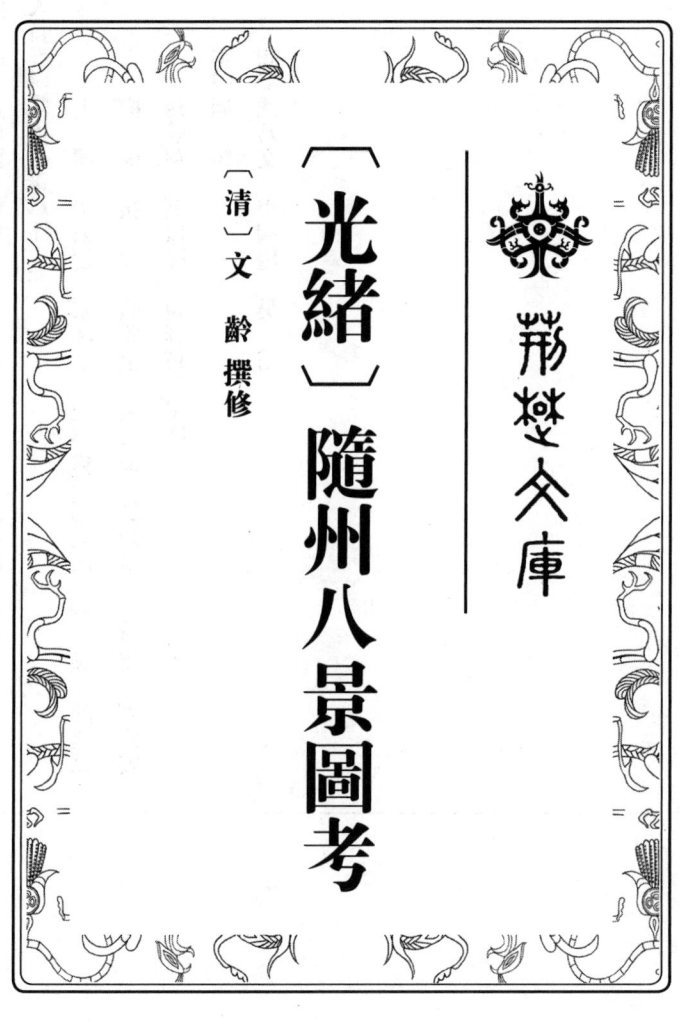

〔清〕文齡 撰修

《荆楚文庫·方志編》編纂組

組　長：賀定安　陽海清（執行）

副組長：劉傑民（執行）　王　濤　謝春枝　范志毅（執行）

參編人員（以姓氏筆畫爲序）：

王　濤　李云超　宋澤宇　范志毅　馬盛南　柳　巍　陳建勛

梅　琳　張　晨　張雅俐　陽海清　彭余焕　彭筱瀓　賀定安

楊愛華　劉傑民　謝春枝　嚴繼東

編　審：周　榮

顧　問：沈乃文　李國慶　吴　格

前言

《〔光緒〕隨州八景圖考》不分卷，清文齡撰修，清光緒元年（一八七五）刻本。内封鐫『隨州八景圖考』，版心鐫『隨州八景』，此據内封定書名。

文齡，字錫九、長白，蒙古正藍旗人，貢生，同治五年（一八六六）到任隨州，主持修撰《隨州志》，同治八年（一八六九）志成後調任孝感知縣。

隨州存世志書有四，其中明嘉靖朝有志書一，名《隨志》；清康熙、乾隆、同治朝，各有志書一，皆名《隨州志》。同治朝志係同治八年文齡成書刊刻之《〔同治〕隨州志》。

歷朝所編隨州志皆對其域内自然及人文景觀有述，文齡以爲『隨之新舊志有圖而無考，且無八景之名，秉筆者或别有所見，抑或另有所本』。旋選隨州境内『名迹之尤者』，編撰成《〔光緒〕隨州八景圖考》。是志無序言無目録，卷末有跋。正文概括隨州境内山水人文景觀爲八，擬名爲：層樓映帶、雙水瀠洄、祠落晚霞、池涵霽月、洪山積雪、白水翻銀、神洞雲封、仙城松秀。一處景致配一圖一文，前圖後文，圖文互爲詮釋。『層樓映帶』呈現隨城之迎薰樓、漢東樓，兩樓居高並峙，群山拱衛，秀水環繞，頗有意藴。『雙水瀠洄』描繪隨州境内最著之溳水、㵐水，兩水由高山發源，沿途吞納，迂迴環流，兩相交匯，繞城而過；河面架設浮橋，時有帆櫓，漁歌應答，引爲勝景。隨州八景，各有千秋。修撰者意在將是志附於其所纂《隨州志》末，冀能爲是邑『聲色循名，責實考古』。

此志版刻舒朗有致，印刷亦佳，惜略有漫漶，國家圖書館和北京大學圖書館有存。此次據國家圖書館藏本影印。（楊愛華）

目録

圖考……二六七
層樓映帶……二六八
雙水瀠洄……二七二
祠落晚霞……二七六
池涵霽月……二八〇
洪山積雪……二八四
白水翻銀……二八八
神洞雲封……二九二
仙城松秀……二九六
跋……三〇〇

隨州八景圖考

隨州八景圖攷

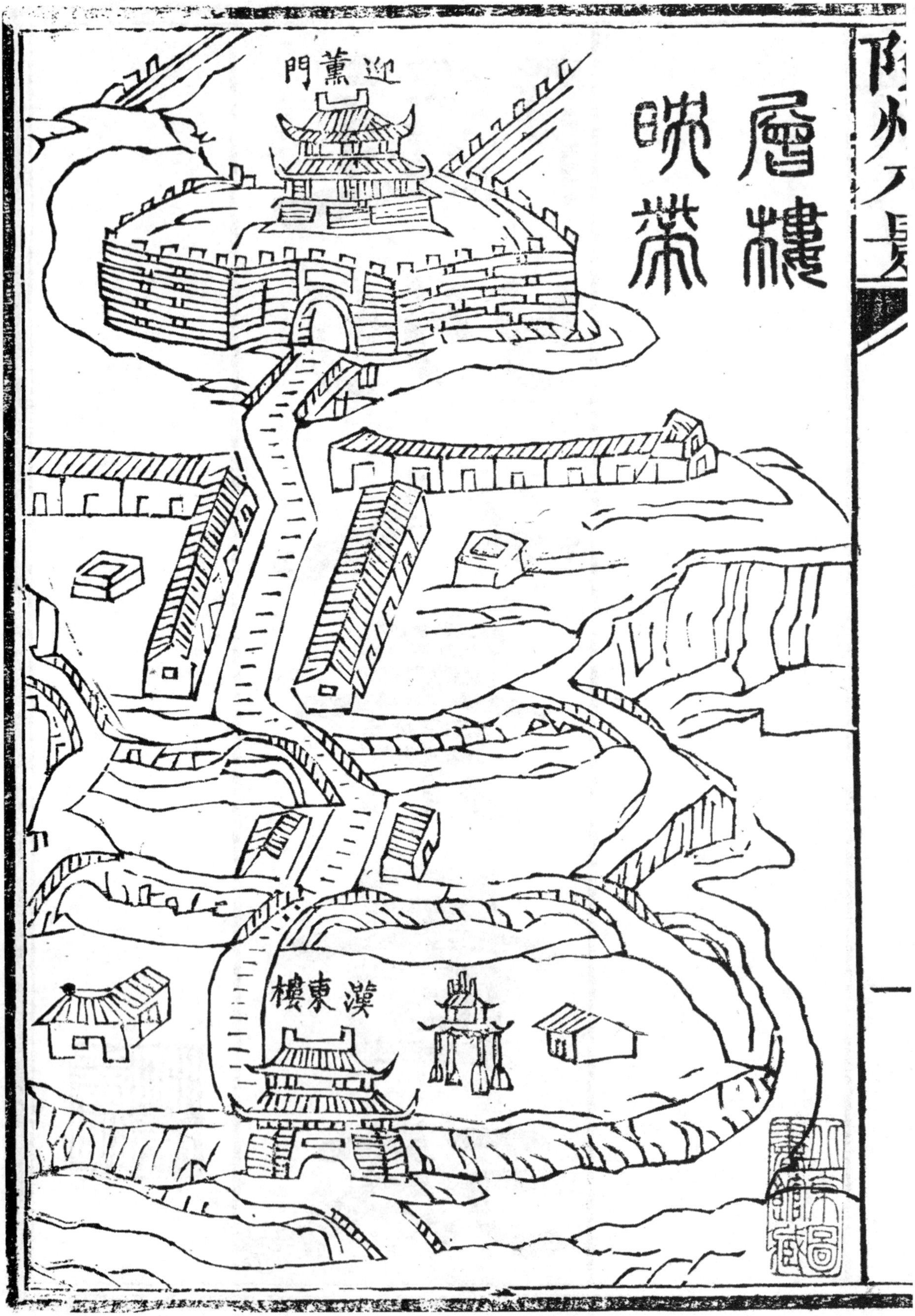
層樓映帶
迎薰門
漢東樓

較軍塲
播鼓墩

層樓映帶 謂迎薰樓漢東樓也

隨城樓有五迎薰門爲最高

上建層樓奉魁星像光能四

照以耀文明南數里爲漢東

樓即外城之正南門遥相映

帶氣象萬千洵所謂迢遞誠

高百尺樓也遠有西南羣山拱衛西北河水環流近則濠水前橫側注脈絡貫通橋凡四分跨其間實為大道咽喉尤屬一州形勢兩樓並峙豈徒供登眺而壯觀瞻哉

積健爲雄

雙水瀾洄

道州八景
木瓜园
五

雙水瀠洄謂溳水㵐水也

境内諸河惟㵐與溳爲最著治北

一百八十里太白山有㵐水出焉

逕合河店至剛家河合天河口水

而南又大洪山北麓名泉數十泓

爲溳水之源沿山東去至城西二

河口與灄水滙而為一波紋蕩漾
曲折縈洄詩人以灄須雙水繞城
隅識之更有浮橋數處以利行人
兩水夾明鏡雙橋落彩虹豈虛語
哉至於帆檣上下櫓聲與漁歌相
應答尤饒勝概

祠满晚霞

季夫人祠

〔光绪〕随州八景图考

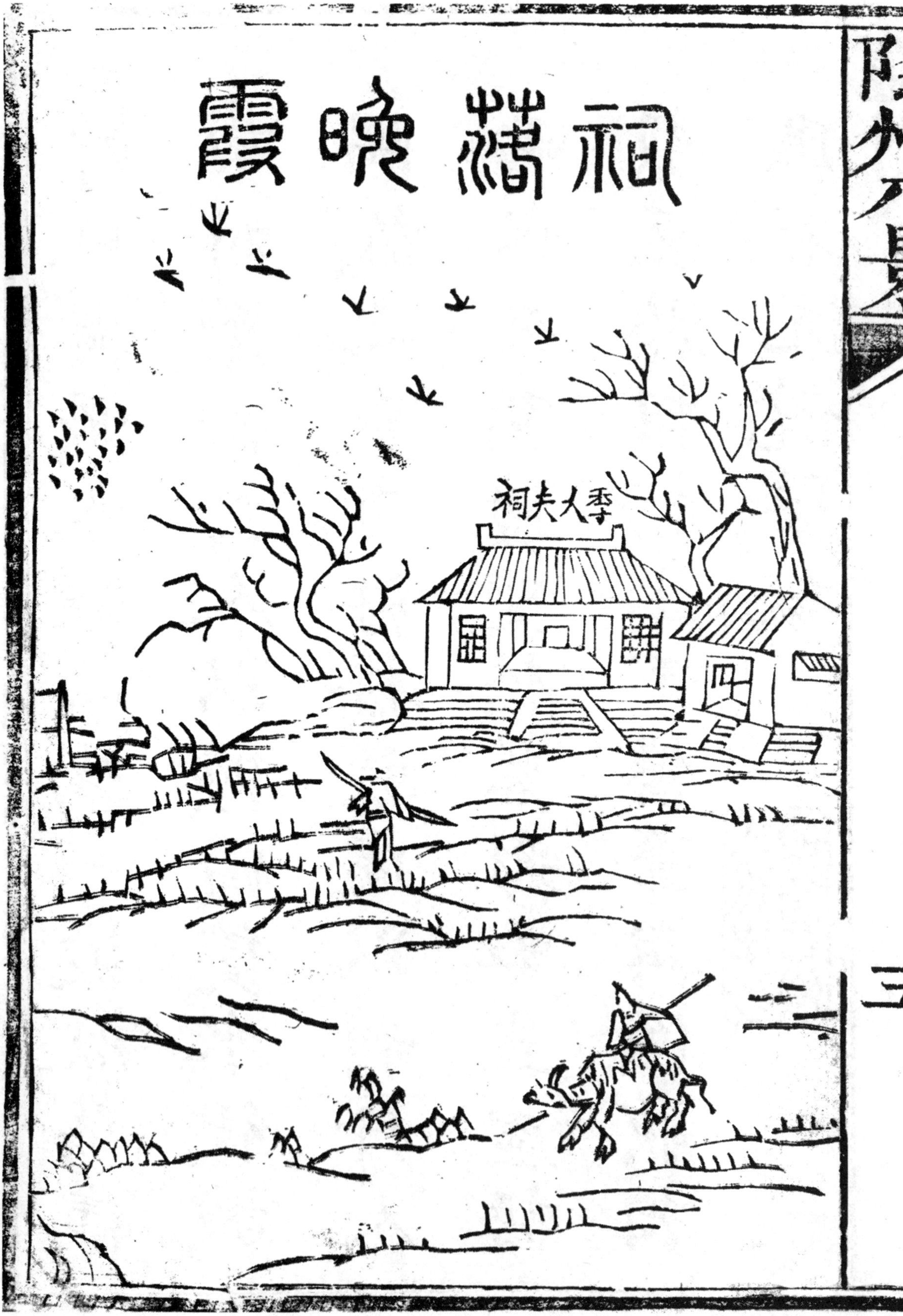

通州八景

祠落晚霞謂季大夫祠也

州東門外三里有隨大夫

季子祠以季子言皆忠信

不爲楚誘其賢之著於春

秋者彰明可考宜乎薦馨

香陳俎豆其祠之妙景天

成也值明月未升夕陽初下山光映照之中樵子荷擔而歸牧童揚鞭而返迎面則赤城縹緲當頭則紅樹依稀天半飛霞直落祠前真一幅天然圖畫也

白雲亭
夜光池

池涵霽月 謂夜光池也

城西隅白雲亭下有夜光池

好古者傳爲隨侯得珠處珠

徑盈寸其色純白夜光可以

燭室歷世稱之池水澄清不

涸不溢詎非靈氣之所鍾乎

每當雨霽烟銷月出東山之上波光掩映夜色沉沉上下凝輝渾然無迹實與夜光之名恰相符合天上月光可玩池中月影可涵池號夜光是因月倍增其勝矣

懸鉤山
大洪

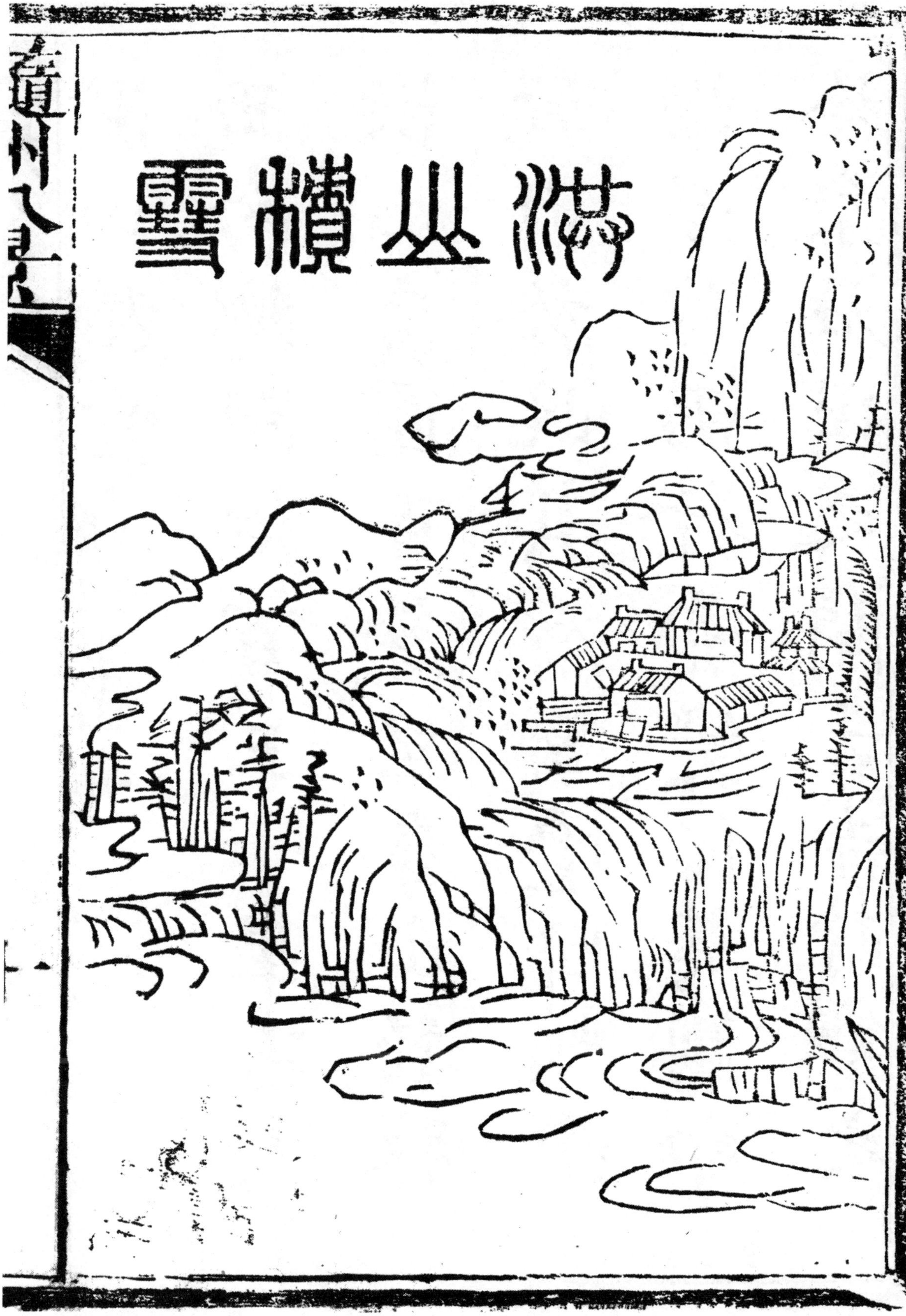
洪山積雪

洪山積雪謂大洪山也
西南鄉距治百三十里有大
洪山廣圓百餘里羣山發脉
皆由於此其層巒疊嶂峭壁
懸巖作雨行雲變化莫測即
冷泉石逕之間古寺疎鐘之

際令人亦作世外想而羣峰聳立非人迹所能到當玉霰繽紛先於他處而銀沙爛積且經年天上瓊樓可望而不可及積雪浮雲端不於此益見其真乎

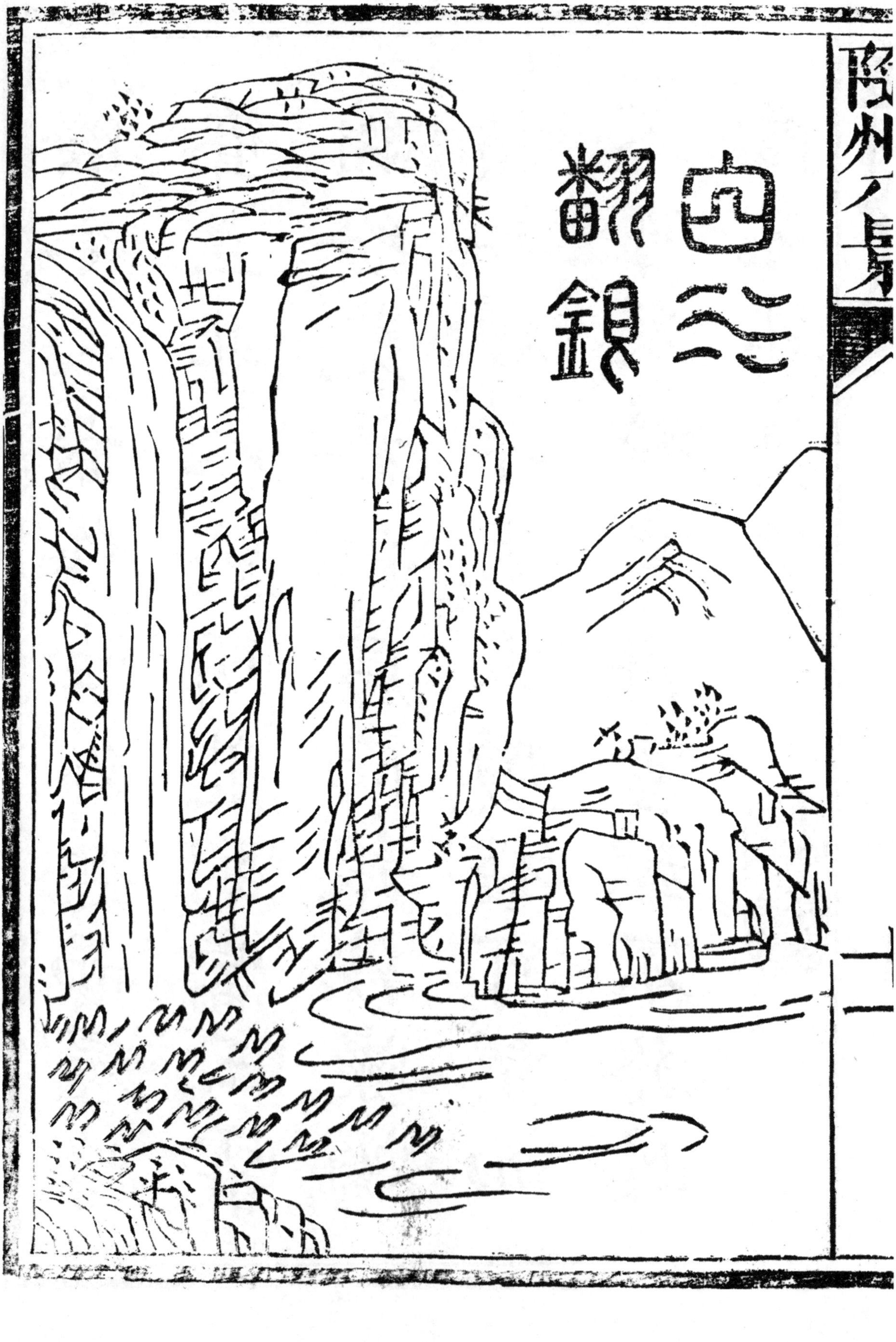

玉皇閣

白水翻銀　謂白水巖也
境内多巖如月兒巖觀音
巖皆有蹟可攷而白水巖
亦與馬距城北二百里山
麓中一巖壁立瀑布天半
飛來倒海翻江建瓴直下

不舍晝夜蔚然奇觀目見之而成色耳聽之而成聲對月綵以常清晶瑩比玉映雲華而並耀皎潔如銀巖上玉皇閣巖下東大寺皆古剎也

雲洞
神農故址

神洞雲封 謂神農洞也

西北鄉厲山店商賈雲

集稱巨鎮焉俯視大河

舟楫往来之處傍依翠

麓田原交錯其間有山

蜿蜒而來横亘西南一

帶傳爲神農氏發祥之所山半有祠祠旁有洞洞常有雲出時而雲影燦爛時而雲氣蒼茫變態無窮謂非鍾靈毓秀之可徵歟

紫石舖

仙城松秀謂仙城山也

州南七十里善光山即仙城山古傳隋帝女仙城氏修静於此有滴水巖馬騣嶺白牛池響石堂諸勝溪河環繞似往已回李青蓮

昔曾注意於此細吟三十六曲水洄瀠之句可想見馬山多松秀甲一州千林則月影重重四面則風聲謖謖尤足供幽人之遥吟俯唱也

跋

八景圖致蓋擇其名蹟之尤者以著於
勝隨之名大臣供留連歌咏指點勝歷
豈止數哉顧通都大邑率以八景
標其名自宜倣照又凡志有以畫繪
冠卷首實開門見山游目騁懷之一

助耳隨之新舊志有圖而無考且合八
景之名采筆者或別有所見抑另
有所本耶欲余兩次至於此足跡遍
境內景點歷經其地添擬其名並加
以圖說自為一卷附於州志之末意在
漢東生色循名責實致吉證今余段

妄事加增稍存務蒐之見聞者詳之
光緒紀元嘉平月上浣運同銜知隨州
事文齡識於藏珠室

荆楚文库

〔民國〕沙湖志

任桐 輯著

《荆楚文庫·方志編》編纂組

組　　長：賀定安　陽海清（執行）

副 組 長：劉傑民（執行）　王　濤　謝春枝　范志毅（執行）

參編人員（以姓氏筆畫爲序）：

王　濤　李云超　宋澤宇　范志毅　馬盛南　柳　巍　陳建勛

梅　琳　張　晨　張雅俐　陽海清　彭余焕　彭筱溦　賀定安

楊愛華　劉傑民　謝春枝　嚴繼東

編　　審：周　榮

顧　　問：沈乃文　李國慶　吴　格

前言

《〔民國〕沙湖志》不分卷，任桐輯著。民國十五年（一九二六）油印本。内封題『永嘉任琴父先生輯著　周文郁署耑』。任桐，浙江永嘉人，字琴父，清末官湖北。其自幼喜詩文，擅長書畫，雅好山水，對園林藝術頗有造詣。辛亥前爲湖北道員，辛亥後棄政從商，收益頗豐，一度任職於武昌商埠局，與友人籌建鹽業公司。後移居沙湖，不聞時事，自號沙湖居士。

清光緒庚子（一九〇〇）年，任桐宦游於鄂，常閑步沙湖，遠望沿途諸景，聽沙湖舊聞傳説，感沙湖秀質似浙之西湖，不因榛莽掩之。辛亥鼎新後，任桐隱居湖畔，於山水間添置景觀，邀友泛舟悠游，竭力挖掘營造，雖遇困厄仍不輟。特修撰此志『供雅好者之披覽』，知沙湖之由來，期盼沙湖風景之未來比肩西湖。任桐《沙湖志》之『沙湖』是包括今天沙湖和東湖的『大、小沙湖』。其修此志，除提倡風雅外，也以『保存古蹟爲宗旨』，志中『所采名勝、古蹟、人物皆考之古人詩文、家譜以及碑碣、手卷、抄本，再從實地考查』。

此志扉頁有沙湖居士小影，後有凡例述志書輯著宗旨及體例，繼有《沙湖叙》《沙湖記》各一篇。正文有沙湖十六景、湖景、山景、名勝古蹟、人物、寺觀、村集、出産、風俗、雜俎共十目。沙湖十六景所列沙湖景致有多處位於今東湖風景區；湖景一節中《沙湖三唱》爲任桐友人楊鐸所撰《沙湖游記》《沙湖序》《沙湖徵文啓》。志末有沙湖地形略圖、沙湖名勝全圖。任桐又將是志《沙湖十六景》等文録入《園林春色》一書，於民國十七年（一九二八）鉛字排印，文詞略有變化。

二〇〇四年北京綫裝書局《中華山水志叢刊》影印是志，二〇一八年武漢出版社點校出版此志。《〔民國〕沙湖志》多館有藏，此次據民國十五年油印本影印。（楊愛華）

目録

凡例……三一二
沙湖叙……三一四
沙湖記……三一九
目録……三二三
沙湖十六景……三二五
湖景……三三四
山景……三四五
名勝古蹟……三五八
人物……三九三
隱倫……四四一
寺觀……四五一
村集……四六六
出産……四七四
風俗……四七六
雜俎……四七九
沙湖地形略圖……五二八
沙湖名勝全圖……五二九

沙湖志

永嘉任琹父先生輯著

沙湖志

周文郁署耑

沙湖居士小影

凡例

一本志以提倡風雅保存古蹟爲宗旨

一本志所録名勝古蹟人物皆考之古人詩文家譜以及碑碣手卷抄本再從實地考查

一本志十六景以新舊名勝點綴之

一本志所註遠近路綫以湖山第一爲起點

一本志所載湖之面積三十里專指湖面而言其周圍山水風景之廣達二百餘里

本志附刊湖全圖載明湖山路綫及寺觀村集墓癯俾

遊湖者便於查考

沙湖叙

謝太傅功高百辟心在一邱而東山以傳周元公道德高尚襟懷瀟灑而濂溪以著商山以四皓顯愚溪以柳州名至於一亭一廬之微亦莫不葺補保護經數千百年而宛然猶在者豈非以子雲孔明之文章道德照耀後世其人重而其棲息之所亦與之俱重猶召伯之甘棠思其德而不忍伐其樹耶一亭一廬之微者無論矣彼二山二溪之於四公亦祇以因緣偶合人與地相得而益彰非必山川之風景果有出類拔萃者也故我國言遊觀之最勝者推

杭州之西湖樂天經始於唐子瞻潤色於宋踵事增華代有其人其所以能若此者蓋以西湖風物之秀麗實有特出者在也余嘗謂我國幅幀之廣必尚有佳山水因未得名流稱賞而隱藏不著者今讀任琴父沙湖志及楊𣙜泉沙湖三唱而竊幸余言之有中也夫士之才識優長蘊蓄宏富而懷利器畢生未獲一試者衆矣遇合之難知己之少賢豪所以扼腕而嘆息也斯湖之得遇二子吾因之有感矣沙湖在武昌高埠東明楚藩稷蠹取膄為菑畬處故又號歌笛湖環湖皆山交通不便猶之宫墻數仞宗廟之

三

美百宮之富莫得窺也琴父始從漢口商埠闢一徑以通待鴛山名曰歌笛村又曰湖山第一為遊人駐足所而車馬始便往來混沌既鑿竅穴斯啓而山光水色豁然呈露矣二子謂景物之美不減西湖而天然韻致有過之無不及喻西湖為名妓斯湖為閨秀則其傾倒者至矣乃復廣徵詩文大為延譽不私於己而以公於人務求斯湖之盛名騰躍於全世界是大有造於斯湖也太史公曰伯夷叔齊雖賢得夫子而名益彰顏淵雖篤學附驥尾而行益顯二子之於斯湖殆如陶之菊周之蓮歟至其山林之美泉

石之勝二子所志詳矣茲不復云

丙寅九月重陽後十日　周之運寄贈

[illegible]

四

沙湖余

沙湖記

東南山水之勝不可以數計而以吾浙為最杭州之西湖
溫州之雁蕩尤吾浙山水之秀絕奇特者歟歐陽修錢
塘兼有天下之美蓋猶知有西湖而不知有雁蕩焉試以
天下山水有詩於此者或遺於彼山則如廬阜衡嶽水則
如洞庭太湖雖各擅奇偉崢嶸之觀汪洋恣肆之勢然皆
有其一偏不能如西湖雁蕩詩而兼也余素嗜畫山水昔
太史公遊覽名山大川然後能文章竊以為作畫亦然是
以足跡所經或遇一邱一壑亦必縱覽而畢登焉清光緒

沙湖記

五

沙湖記　五

庚子宦遊來鄂一旦閑步出武勝門外沿東北行至沙湖遠望洪山靈泉九峯諸山星羅棋布各效其奇其中有一衣帶水若隱若現掩映於諸山之間者曰沙湖舊名歌笛湖即楚藩種蘆取膜為笛黃處故今湖側猶多蘆其水清而淺周圍約三十里彷彿浙之西湖雖無樓臺亭榭然天然之秀質固不以榛莽而掩者亂革後余隱居湖上自號沙湖居士於湖之西築梨園蒔花種竹聊以自娛癸亥秋建湖山第一於待鶴山又建引勝橋以利交通就湖中原有之勝略加補葺計十六處名之曰十六景又有所謂永

嘉别墅望書亭白鷗亭忽西搭士林此皆余所添置者沿湖滿種芙蓉垂柳中蓄紅魚時而泛舟時而步月時或共二三朋友題詩飲酒笑談嘯傲於其間是歲冬余因比年經營武昌商埠計畫市區以致經濟困難除夕索償者滿座而余心固猶瞻瞻於此湖始終未嘗稍輟也噫天下事固有不可得而兼者亦猶山水耶余雖無其力然今且竭吾力之所能者搜求之點綴之編成一書曰沙湖志以供雅好者之披覽并可知此湖之所由自其湖山風景縱不能盡如西湖然安知不可作未來之西湖觀故特記之以

冀達余之目的

民國十有二年除夕　永嘉任桐擬於蔡園

沙湖志

任桐琴父氏萬輯

目録

沙湖十六景
湖景
山景
名勝古蹟
人物
寺觀
村集
目録

[illegible]

出產

風俗

雜俎

沙湖十六景

琴堤水月

湖山第一當面有長堤如横琴狀月夜則水色平分湖光照眼如在高山流水間也不遜於蘇堤白堤之勝

故鄉亦有湖山都虧幾段柳堤鎖住烟景
此處正多水月忽聽數聲蘆笛吹斷夕陽
琴父擬聯

雁橋秋影

琴堤三橋中名雁橋者時有鳴雁自天際飛來影落平沙與兩岸蘆花相掩映此橋對影横斜水天一色含有秋容不慊晚之狀

沙湖十六景

數行雁字齊飛，後後先先，斜對琴堤水月；
陽岸蘆花蕩漾，重重疊疊，正來瀟口夕陽。

琴父擬聯

寒溪漁夢

宋馮京字當世，少孤，縱飲不羈。一夕醉卧溪邊，有漁者泊舟困眠，夢神叱之曰：「馮侍中在此，何不避？」驚起，步月見草間有人熟睡，詢之，知爲馮也，具告以夢，請卧舟中以避風露。後馮貴，使訪漁舟，不復見。

抄滙水燕鉄錄

富貴功名都是一場春夢；
煙波釣隱亦誠千古知音。

琴父擬聯

金冢桃花

邏迦山之陽，民國初年，女伶金月燕葬此。性貞烈，墓畔

多桃花遊人過此有人面桃花之感

人面已成無色相

桃花還結有情緣　琴父擬聯

東山殘碣

即洪山古有東山賦鎸山後石上今剥落不可讀宋趙諮即山勝處架木為閣榜曰東巖狀其石曰雲根曰雲扃凡十數處

古人文字千言都被風雲捲去

今日石巖一角還與天地同叅　琴父擬聯

九峯晨鐘

獅子峯下有正覺寺明高僧無慾所建門闢九峯松柏

四繞每日晨起鐘聲清遠直趨出塵外境也

山色曉煙收望到峯尖恰好五更月落
鐘聲僧寺起驚殘塵夢鉛開卅里湖光　琴父擬聯

虎巖雲嘯

靈泉山北行有里虎巖峨出雲表如嘯傲狀下數百丈成低阜左右石門南聆驪潭兩珠山哭起圓阜猿抱尤勝

出岫本無心飛入松風同鳴寂寥
蔽天如有恨散歸滄海可作長吁　琴父擬聯

卓刀飲泉

湖之東漢昭烈鄭壇下世傳漢壽亭侯行軍於此卓刀得泉詳一統志明瑞王蒐飲之味甘冽爲甃石覆以亭

色白香清飲之汞渴

偃月豈無光天上飛來鑿鑿大聲驚禹辛

通江宜有脈地中湧出源源不竭載千秋　　琴父擬聯

泉亭松韻

卓刀泉側山水清音久為高人所欣賞揚聞泉補築一亭兩旁栽松夏日可避暑有松濤聲流泉聲風月之下恍如琴韻

大海茫茫教石上清泉莫漫流忘本性

深山寂寂祗松間明月不隨濤浪作虛聲　　琴父擬聯

蘭嶺香風

靈泉東二里黃寶嶺產蘭春時蘭蕙成叢香風滿野居

沙湖十六景

人稱為蘭嶺

簷馬響丁璫蝶去蜂來吹醉美人心事
花番聽子細香清韻遠暗生幽谷春情　琴父擬聯

十

青山夜雨

湖之北有青山臨大江每當夜雨朦朧山外有山漁燈掩映真所謂青山隱隱水迢迢別有風韻

雨意纏綿觀樓外風雲黑滿天地
山光隱約忽江邊漁火燒渡煙波　琴父擬聯

石壁龍湫

碧雲山有石壁形如筆格山下涼馬坊前方塘中水霆傳為龍湫明洪武九年龍起水湧高數丈

誰道沂湖就島石壁
我知雁蕩亦有龍湫　琴父擬聯

漪口夕陽

湖之西待駕山傍晚西望漪口夕陽殊多異彩漁歌唱和雖黃昏時候猶有絕妙風景也

釣艇歸來高唱一聲姑效斜陽西墜
花影收去抬頭四望又將明月東升　琴父擬聯

夾山詠雪

靈泉山有西山環抱如屏天寒坐對冬嶺孤松迴峯舞雪令人詩興勃然

擱筆問天涯冷雖雙峯馬難移步
題詩掃石上寒深三尺人自豪吟　琴父擬聯

梁湖放棹

湖之東有梁子湖每當春夏水深魚美林巒隱蔚其中蟹斷魚柳菱歌連唱與鷗波螺髻相掩映好事者常泛舟於此

坐此舟中對四顧流連忘載琴書而返
身如世外聽一聲欸乃自在山水之間　琴父擬聯

鷗島浴波

沙湖多白鷗每隨清風浮泛綠波之中洗滌净盡不留半點污痕浴後皆集於島上展其羽翼自飛自鳴若忘機焉

我非羽化真人何竟有緣來此
誰是凌波仙子乃能自在若斯

琴父撰聯

沙湖十六景

湖景

沙湖

舊名東湖又名歌笛湖方三十里在武昌商埠東明楚藩種蘆取膜為笛簫處浙之西湖有六橋三竺多桃柳宜於春沙湖有三橋九峯本多蘆琴文補種芙蓉宜於秋地與絕勝謂湖上有東園為近城登覽之勝今莫知其所在昔此湖交通不便遊人皆視為畏途故成一荒僻處所人跡不到琴文從濟口商埠閘一路至引勝橋為琴園路由引勝橋至待駕山為湖山路於待駕山建

謳歌留村湖山第一為遊人憩息之所自是湖光山色稍易舊觀車馬往來皆稱便利

沙湖三唱

遊沙湖記

癸亥秋八月予從鄂南道經滄渚曾過道作西湖遊十餘年遊觀之願一旦得償快也何如惟是徒遊以還覺湖光山色周極其秀麗之致然除人事羈累吾故鄉亦未必無此湖山也歸以語之任君琴父君即以武昌沙湖告琴父浙之永嘉人也官遊於楚與吾為忘年交鼎革後寄隱沙湖築山園於湖之西以自娛且自號沙湖居士愛吾楚之山水以為與斷之山水較有過之無弗及吾以楚人及不之知對之能無愧色乃相約行沙湖遊卒以人事未果今年夏與李橋成王慧中邵陵川語同學約任君同遊於沙湖之東以琴園為首途來與東行繞一小溪可五六里許湖光在望有一亭翼然湖畔擅全湖之勝詢之琴父則即

其所題湖山第一處也樓亭遠眺但見湖水浩森遠山蒼
聟而湖之中有一長堤約數里堤之盡處為一大平原兜
在水中如海上蓬萊近而方之若西湖之白堤及旅山也
琴又擬於其堤之而岸遍植楊柳斜堤為二遍以石橋而
建一樓扵平原處曰宛在接瀏其橋曰雁橋秋影堤曰琴
堤米月吾亦欲分一際地建靜園於其上為吾息遊之所
我曰湖山風月不間主人君若好之竟首領亦舟賁有如
今世爭權樓地必以兵我相見分勝負而後可我渡湖南
行俯見湖水清淺遊魚與水草相肥逐均歷歷可數日光
不澈大觀抵南岸至落仙山怪石巉城星鐵色如而湖之
蕉石鳴琴有名條金月英之藝往焉以鐵石為屏潭以湖
水為明堂墓芳多植桃花魚常春墓亂有人而桃菰之感
吾將題之曰金冢桃花權舟子之由此而東有城郭曰東
湖門為古武昌城之一角鷹晉宗未帝時曾駐兵於此其
東有山如屏高低起伏蔚然深秀有摩山龍宮諸橋惜以
時晏未往遊也鼓棹而返翠於湖山第一亭則見遠山有
而峯并崎似西湖之鏡峯插雲近水有荷花滿池似西湖
之曲院荷風且琴分將建而塔於湖之左右一在山之巔

一在水之涯是何與靈秀依伏遥遥相對於西子湖畔也嗚呼西湖經歷代名人之點染得以享盛名於東浙而吾武昌之沙湖有與西湖相彷彿者反委諸荒烟蔓草湮沒無聞殆所謂有幸有不幸歟竊嘗思之西湖負郭而居有如風塵美人故親之者較易而享名也獨早若沙湖雖則負郭然環之以山間之以港深藏不露不啻大家閨閣之不欲輕示人以色相也否然則西湖如名妓沙湖如閨秀其際遇亦各不同而其面目亦未始不以各擅其妙也嗚呼前不見古人後不見來者以湖傳湖以人顯吾將與琴父爭雖山人快婿而為神仙者一屬耶已而暮色蒼溟晚煙四起漁舟之出沒於波濤中者一刹那間幾所在但聽數聲漁笛吹斷夕陽與鷗歸來乃濡筆而為之記時民國十有三年歲次甲子五月望日夏口闕象楊鐸

沙湖序

吾意自有宇宙即有沙湖雖滄桑之變不可得而致然沙湖之為沙湖其所由來者舊有不待煩證而知者也前乎此者有生長於斯遊息於斯或遠而宦窮而隱之王公貴人名流時士款棹倚艇於此蒼茫香靄之間者蓋不知

而已自號之

其幾何人也從未聞有為之志焉者即或一鱗一爪然亦未聞有人集其大成以可傳之筆抱必傳之心期其有傳於後如任君琴父之志沙湖者也鳴呼天地鍾靈河山毓秀然而不得其人不彰殆亦所謂運會之使然不朽之輩必待諸其人而後著哉吾與琴父訂交三年與之遊沙湖者再曾有文以記之且燃西湖比名妓沙湖比閨秀而欲與琴父爭此湖山快壻睦人傳為佳話琴父年長於我而又為浙之永嘉人吾土善也年事正步吾意者身之選有不待射而後中者矣琴父其亦有所動於中耶信如此也琴父自號為沙湖居士吾則可稱之曰沙湖主人矣湖山風月原無主人顧當今之世劉擾之世也吾但以意割據之而已孰又得以理法繩其後耶臥榻之側本不容人鼾睡然琴父吾至友也湖山風月吾不妨與琴父平分而有似人又無須拘拘於主客之為言也古人以天地為蘧廬古今為傳舍人生為逆旅是則所謂客者固客即主亦客也昔人有詩云子陵有釣臺光武無寸土其意可深長思矣吾賦性骨鯁句攄於時自計頗難致用於斯世嘗慨然有湖山風月之想詒以飢寒妻子之累不免驟離人海然未嘗

一日或忘也倘以十年蓄積小有所適自當退而求數頃之田於沙湖之上以為舫齋之資暇則駕一葉之舟容與中流入九峯上雲泉淩梁湖壓石壁夾山寒溪而還泊樊巖橋之下徜徉山水之間與琴父二三知己狂歌長嘯顧不樂哉吾喜琴父之志有適於沙湖也爰抒所懷而為之序

民國十四年歲次乙丑閏泉揚鐸序於法言書屋

沙湖徵文啟

電李托西湖家緒之殘興齊不焉武昌之沙湖其又將為誰鳴呼西湖之興儲於唐而成於宋迄今千有餘歲矣勝地不常棋局已散吾曾遨遊其間覽湖光山色固在在予吾以流連然湖山班頭究為此發然白髮如老衲如醉翁之一雷峯癈塔耳今則夕陽與淶友映無光斷褶塔倒湖齓者其將兆於斯乎武昌居全國中心為古名都聯京漢腔湘粵川桂恃為尾閭皖贛視其馬首人懷地靈萃集一時他日粵漢路成則門戶洞闢外人之至焉者咸將由港而粵而湘而鄂商旅之往來者亦將爭出於斯途如是則直可奪上游之勢與漢口陽岸而並盛也在商埠之東附郭而

有十歌留湖亦名沙湖山水秀麗迥無倫比絶未於飾一任天然殆如村女之亂頭粗服別饒風致也琴文擬緋合同志欵古人之陳跡盖以點染㬎沙湖才亦景意在漪遺於沙湖耳歷名緋何曰琴堤水月梁湖秋棹雁縮秋影金畫枕夜寒溪漁夢東山殘碣泉亭松韻九峯晨鐘夾山詠雪卓刀飲泉青山夜雨滴口夕陽石壁龍湫雲叢雲嘯蘭嶺香風鶴鴻落遠等是而以杜甫之天地一沙鷗為全湖寫照詢可謂風流之雅事也惜同人無似不般自附風稚用特公諸同好徵求詩文以光湖山竊念我國十餘載以還兹靈角之爭者盈天下風雲叱咤山河變色推天地之大何所不容雜烽火頻驚而湖山無恙此圖不可謂非天地奧秘而有以啟我業之遐想迷夫人生若夢為歡哉何諸公或以避亂為念欲尋世外桃源或以村情為懷欲借他人杯酒請以沙湖為結先結文字因緣古人謂人生行樂耳須富貴何時諸公其亦有意於斯也耶偈之者任君琴文珊筆者揚君聞泉而起其成者邠君凌川也

東梁子湖

湖之靈泉山下方一百八十里水深魚美其中山之最勝者曰青山梁子山三山石壁山同山月山南連山北連山黃陵山四面皆水邑東南襟壤絕勝地也湖中山九十有奇湖水有九十餘汊

西梁子湖

湖之西南通蒲圻嘉魚咸寧中有釜山桂山靜寶山皆深邃可遊春漲漁人十倍於東梁闊遠瀰漫時民人有隱避於湖者全活東梁子出樊口西梁子出釜口去港各九十里入江

小沙湖

在武昌商埠東武勝門外方十餘里通青山港農林試驗場棉業廠皆在湖邊

湯孫湖

湖之東通南湖與紙坊相近水經注李家橋至新橋入江八分湖紙坊湖菱角湖紅蓼灣諸湖水横衝其腋不風而浪其東北時有拗風屢覆舟

吾塘湖

在靈泉花山前靈泉山之南爲梁子湖北即吾塘湖

樊湖

在梁子湖之東南，因樊噲封武陽樊侯，故稱

遊樊湖記

明　樊時中

余泛舟於樊湖之蒲落霞棲淡天幸晚煙籠於水面須臾
清風自南而來因泊於泉[illegible]石闊夜半步至亭堂呼張東
山（宋名[illegible]）之[illegible]未[illegible]不欸[illegible]長欸焉予見漁燈煙火達於
遠岸四霞無八雖[illegible]望[illegible]聲而已次日遊高塘見遠
山含翠如取詠穿殊覺宇[illegible]閣有此山編宜此水也後棹
舟北行夜泊於磨乙磯下[illegible]雲冬李孟宗石壁賦詩處已
濱然不可識矣望日舟經南北邊至沙河經問馮公書室
樵（遷之此名）遊三山抵觀音慈（[illegible]）不壁[illegible]天筆（今名筆山）彷彿摩詰一畫圖
也又次日棹舟至大成茂邊吳[illegible]於舊松下盤桓數日
有戀株山水之樂焉是[illegible]飛至潼[illegible]興張手添佑李手將
亮烹舒飲酒賦詩於其上詩成擊石有聲然後知此山之
空壓迩已而夕陽在山漁歌唱晚於是風帆遠引舟次南
瓊載明月而歸望靈泉山色隱隱若在言不蒼煙中云

詩畧

吏

山景

靈泉山

前漢誌稱江夏山漢名决山唐天寶中更名靈泉山湖之東十五里有泉天旱禱之輒應因名東為筆格峯龍帳峯南出為寶蓋峯玉屏峯又為天馬峯自龍帳峯東行復長亘數里為黑虎灣復折而北為馬鞍峯東為石蓮峯左去有清風洞北行盡處為黑虎巖靈泉寺踞其麓寺左為石門南為駱駝灣西為珠山巽起圓阜

江夏山記　明 孫樂

江夏山去縣東六十里西山排列一水平湖儼然萬綠

山景

蒼深處也廣延可十里許無衡霍之雄崑然作鎮無方城之陵昂然壯觀其無是談也明甚予考江夏一邑自洪武開武昌道始爲羣邑之莅則山之得名於乎邑也夫郎從乎邑則邑之說爲山者亦纍纍矣胡此山獨聚以江夏二字甚必有說存焉予辛不自解豈其爲羣邑領袖耶爲江夏首望也余訪之故老謂此山爲武陽所封邑地家世居此故冠以江夏猶之鄂城冠以樊山云此其說似矣噫是山之秀吾塘繞其北果湖繞其南登高望遠林木陰翳煙火萬家亦是以舒壯環而依眺賞由來湖唐惟有歷年由晉湖漢惟有歷年過稽往躅以至今日其爲侯王將相之所鍾靈農父野老之所棲息以及鄉紳先生之所遨遊而流重牧童樵叟之所謳謌而上下者俱在乎是勿謂非名山也而弗之記予故爲之書

夾山記

明　聶焫

夾山秋高嵐南濱大湖山即湖大東流六十里而注之江港長里至樊口廿此一方之大勢然也予與劉子惟謙登眷禾之嶺西望六老名山諸峰如旗幟之飄揚而來焉其西南有山曰錦

續唐隱士擿大多植桃李於此焉劉子涼月南望見遠山在雲表中不禁喟然歎曰予知山外之山水外之水無一不還為之格予復下山至鶯耳名山道繞龍塘攜手至雲泉山下行六七里皆蒼松蔚柏亂鶯啼樹響雲根登往來行人半在濃陰蹤影之中步至橫龍嶺見有層梓凌霄是誰氏之里居也清響道雲是排氏之弦歇也書聲不息是誰氏之讀誦也予且行且止劉予遇亭而吟八閣而賦吟榜徑不忍去暮宿於尋桑齋夜半闌路鐘遠引清風送香仰見銀河似別有一洞天也是月中秋復與對子躡路駝攀躋而上四顧雲山蒼蒼茫茫可柱目而得山倚𩈄其下萬家煙火比戶可封真不愧為君予鄉云劉子回子盡戀友人田大圭為予留題於次山草堂

靈泉山記

明 張俸祐

山自而來邐迤數十里起一奇峰為諸山之祖名為疊禾山里人報賽處也由疊禾而馬峽兩山排列起伏不一至馬鞍谷口岭嵒而後趨獨峯狀如筆格太令子紀龕口所筆格之右有泉清冽傳為蛟龍之蟄十令敬求洪馬武坊時山龍地起感

由峯而東迤橫數里曰龍帳嶺興曰實蓋嶺圖曰父子嶺兩山迎對南為金堂北為珏屏嶺獅山勢盤猿有如帶者馬或呼為蜂房嶺峪軸奮如盤者馬或呼蒸水阿等峽島祖墳與者珍之若夫前給軸後天馬左秋風右春露亭二則有余先人之獻廣存鳥自花山攝蛇而北馳如龍卧如虎狀如鳳舞鸞拔春則雲泉古寺是也環靈象而居者苦陳婺之桂園鄧董之蔚國潘鄭之桃園永和之陂堤橫柳時亮之幽崖樓竹中美之旋紋古柏皆忽獲名而余之北園推背倚青山而臨湖水攜齋諸峯之不與沈子皆然如通筒僻之道子純日夕鼓書聞午夜鐘聲觀山頭幭霧而已祛家世澗谷問抑又何樂一樂夫林登之幽尤宗夫四時在鳥聲中而與諸君子共居此地共樂此衆章無點山林蓄故不可以不誌

九峯山

湖之東十五里有獅子峯鉢盂峯沙碧峯石門峯陽邏

峯寶蓋峯馬駻峯丫髻峯黄蕈峯謂之九峯山環如城
産茶爲有龍旁抽之脉上至青山内至豹子澥下至武
昌葛仙鎮

伏虎山

在湖之南如伏虎然

吹笛山

湖之東五里許山下有吹笛橋明楚藩種叢篁爲笛管於
此南爲竪旗山南即硯[illegible]山

鼓架山

山景　二十

湖之東五里傳爲明時王屯兵之所在吹笛山北

龍山

與鬱山連山上有龍宮其地古稱龍頭雲隱寺皆在此

登高山頂有帽痕俗傳孟嘉落帽於此

邏迦山

湖之南山上有金月英墓其地如船形

洪山

湖之南舊名東山有東山八景之稱宋荆湖制置使孟珙鏖大洪山遂名

八盘山

湖之南與三台山接往復凡八折幽绝之地

馬鞍山

湖之東又名長山下有長山舖烈婦冢在其麓多奇巖

硂石

來王山

湖之南即馬岐山有霸王冢與小龜山毘連中有雲遊

詷

黄泊山

山景

山景

湖之孟橋舖山勢險峻上有石壁環列如屏

夜泊山

湖之南張叔夜渡湖泊舟於此

碧雲山

湖之東北有石壁如削武昌舊志謂石筆山如筆格狀

橫亘長湖北即蜘蛛山四面皆水

豐禾山

湖之東十餘里土人報實處豐禾一支過峽分兩山故

曰火山一支接靈泉一支接九峯至梁子湖而止

三十一

梁城山
湖之東北梁武築城屯兵於此
烽火山
湖之東北有烽火城隋書地理志江夏有烽火山一統
志梁末北齊清河王梁進軍臨江梁將侯瑱來過江夏
以伐齊屯兵於此舉火相應故名
錦繡山
湖之東一統志唐時多桃李至春則花如錦繡皆李隱
士大櫆所植

槎山
湖之東孤峯獨峙高數十丈
筏山
湖之東北自白羊山西趨綿亘蜿蜒中藏小山甚衆北名學堂坳與碧雲山接西則老迎山藤子山又北析爲譙家山瀕西湖尾山阿生紫荊高數丈開時最幽艷稚致如神
白羊山
湖之北與岐隴相對山中有聖水口爲往來通衢又有

聖泉可溉田數十畝歲旱飲之沁人心脾

鳳凰山

湖之西南黃龍元年鳳凰來集故名有孟母冢唐岑參

詩路指鳳凰山外雲即此

青山

湖之北二十五里尾亘長湖首枕大江山下有磯曰青

山磯多碎石淺灘見陸遊記

侍駕山

濱沙湖有歌笛村湖山第一琴父關一大路直達瀚口

凡遊客皆到此憩息

梁子山

梁子分東西兩湖其間有九十九山最著優勝者推同山月山石壁山釜山桂山靜寶山南遷山北蓮山皆秀雅可遊

白㴝山

湖之北三十里又名白虎磯水經注江水東逕白虎磯有白㴝鎮

八分山

湖之東南望如列屏為南會朝山有水分流如八字故名山分八字數不及九

歷山

湖之東古稱龍頭山又名龍山

雙峯山

在寶陽門外一名白鶴山

山景　二十四

名勝古蹟

天地一沙鷗

任琴父題

湖山第一

湖之西有待鶴山民國癸亥秋琴父首從此處建設一亭故名曰湖山第一以誌工之所自始凡遊人到此可覽全湖之勝

管領一天風月

劃開卅里湖山

琴父撰聯

萬卷書樓

汴湖東諳軸峯下唐李沉建明李煠後裔又修之以藏寢廢爲經堂庵

萬卷書樓

明　曾泰

書者所以藏百代之遺文而見古人之著作於今日不獨歌詠古人之飲食嗜好語言而已也昔者秦人焚書而書已亡後世儒者欲講求帝王之制度考論聖賢之言行未嘗不抱經而興悲也唐李沉祖孫父子世傳明師挾家資數十萬金掇求秘書而四海商賈往往不憚十里齎奇卷以求售而天下秘書遂俱出於李氏之門然李氏不敢自私付梓人以公天下所謂古今奇賈天下巨觀莫富於李氏自李氏書出而天下學山學海者咸於是焉取讀則書之賴以不朽者皆李沉之功也嗟乎沉往矣而書尚存天下賢人君子猶至今稱李氏書不衰矣今李氏子孫欲世其祖祖宗之業將纂石室以爲萬年計余願拜手昌言以賀其成是余之志也夫是余之志也夫

名勝古蹟　　二十五

卷四 古蹟

瑞芝堂

張氏家廟楚藩改爲經堂菴

瑞芝堂記　明沈如筠

洪武元年四月十有三日先生來扣我柴扉左持杖右執益予揖手過前溪至瑞芝堂松風吹簾蘿月依人呼童烹茶先生黄庭一卷説餘談玄真可以調聖賢之心洗巢由之耳極不作空門了浮談也日暮相與披明月而歸

銀瓶井

在靈泉書院之側琴父考其殘碑中有飛與老母從居鄂城云云彼時銀瓶式與祖母同住鄂城因殤葬此至飛之死於杭州距銀瓶夭殤之時已遠何至杭有銀瓶

二十五

井蓋後人或因西湖而附會之琴文記此留以待證

銀瓶井記

明 張尚德

靈泉書院之旁有井焉曰銀瓶余不知其井之奚自而名也明兵部劉公仲康先生家世居此少時讀書於院中余揖見公遂銀瓶予問其名公曰昔岳武穆有女曰銀瓶嘗投井於是予甚鄂然公指岳碑以示予予摸其碑以讀其文曰予以湯陰民籍爲南河不幸遭世衰亂與老母還居鄂城與日不與慈憐相依也念飛少失怙老母時勸織教以讀書飛不敢自暇逸攻肆經史朝嫺嬉意義適金師犯順侵我大宋疆宇母命飛回方今朝廷格募哥才勇力汝盡出力報勦以持國難飛奉命校軍於將軍張所悵不授以武功所至輙勛宗澤重許爲大之才飛於此時志期除賊以安社機數年以來馬列功成王空祖安不意重遣以殺敢公事伊誰之然班師南遂辭見慈顏不勝感愴乃後修我墻屋構書齋於清風閣中讀書養親以終天年何庸更措古今之愁哉碑文余讀至此間又據回祿焚裂有碑無文予摸其碑鐵止蔚此

名勝古蹟

之歎息淚下劉公細閱其中有舉不同矢死不忘君之
句依稀有無體認弗真矣及予之而銀瓶詩石留封似
基似墨苔痕侵綠蘚蔓于域矣予感此心傷因歎銀瓶
之有所以亡者也有所以亡者為父之忠於家而死於
檜也此井之所以名也

尋樂齋

在沙湖峽口即唐李道宗之紫薹園故基旁有精一軒
萩萬園卧雲館為明洪武時張誠讀書處後為寓寢

尋樂齋記　元　沈如筠

簡齋張先生築書齋於靈泉之北題其亭曰精一軒軒
前松柏交蔭泉流清冽怪石挺立塵飛不到余時往來
亭中地敞湖濶吾山嫌吾湖可以開人心胸豁吾老眼閒書
朗朗如出金石則張子祜也爵已蕭然神爽悟然氣靜
矣軒後曰萩萬園園後有館曰卧雲館爵取東山高卧

之意也時維中和令節花香柳色鬧弄烟景而啼鳥且嚶嚶然調笙簧聲于與先生坐列其下嚼樹中者言聽枝頭鳥聲此樂何極因更其名曰尋樂齋云

北園尋樂齋書

張誠翁勉學文

明 張天祐

天生斯民厥有恒性而君不可以無教民不可以無學故古者聖王承天立極即建學校其化民成俗養之有素也養之有素所以治化之隆卓非秦漢以下所能及自五代以降而中原一陷安為虜狄所偏而俎豆詩書者人或僅識其名焉識所謂性哉天運否極當還夫泰我太祖高皇帝出定天下掃金元之餘習復中夏文明之大統編為立學博教以示偃武修文之意及我文皇帝益隆纘述頒賜性理大全諸書使為師者知所當教為弟子者知所當學化民養士之道皆得其正故數十年習善俗以成風取真儒而濟用致治之功真可與古聖王比隆猗歟休哉士生斯世得遊於學者宜何如其慶幸而思所勉勵耶必專心致志於性理之學擴充涵養漸有所得使日用彝倫之間遵道而行居於學則為佳士處於鄉則為善人列於官則為良臣內聖外王之學

俱在於是而德之以正君善俗者孰非其人哉苟或情焉而不學學焉而不精義理不足以勝其利欲之心以至此學而問世者亦多矣嗚呼是豈興學立教之初心也哉諸弟子敬聽之

含山樓

在湖之靈泉山宋建炎二年張蕓叟避亂構此元末燬明初鶴山史部重建前爲張氏宅是屬廢爲田疇

含山樓記　元沈如筠

含山樓者張處士所營也樓成於宋建炎二年環廬萬點蒼峰繞戶一溪碧水修竹茂林遍滿其地處士因家焉元至大間先生益加修理構堂而奠先靈鬱然處士之樓也翁自舁鄉以來作含數椽附於其右得以高枕卯園題名世外畊稼以輸王税探樵以供欲驅此外後何計哉須者六花飛空看樹挺立悦然瓊瑤世界矣余雖不能往灞橋尋梅窺効袁安杜門而已適鄭李二生

折梅一枝携酒一壺踏雪而來急呼先生同飲登樓一望見風捲長空如春江潮雨之聲倏然聞名山皆似繪首惟峯頭蒼松鬱然含青色焉先生喟然歎曰人生暮景讀如是乎余遂欣然為之記

含山樓記

明 張郁

楚有衡嶽控九華雲山而凡廓之攬瀟湘洞庭而瀦藏之其含乎名山大川高不知幾千里矣靈聚一山為三楚之首誤者郢城之雄甚漢誌以江夏名被有取兩也至唐而有爽山之名韻而小對峙兩二水爽流也宋世南濱光人隱居此地仙跡韻公謂宜建高樓以應旺象勝芸爽公吾之始社於靈象也乃鑿地以為基梯杞梅以為棣上樹飛樓下跡雲池高不過五文氣可含高象家人稱為一邑之衛室也余常廿高峯以望之而見洋洋乎滙於衆南者梁樊諸湖也且且巍巍縈列於而北者焉巔諸峯也而別山火水以盤諸其中者則囊泉之含山樓也叠斯歎也春宜吹望以鼓蕭動夏宜撫琴以室幽滯秋冥讀高存矣香也冬宜謂高見天心也衆亢之文人學士往往流連味嘆於其上焉然則斯樓之所

名勝古蹟

二十八

含者非獨含乎煙雲竹樹之景而直含乎古今巖川之秀也觀風攬勝者倘亦有采取於斯也夫

蓼莪堂

在湖之靈泉山下唐孝子李鄘居也今廢於蕭瘦鄘母黄氏老疾畏寒鄘夜以身貼懷中口搔疾涎服勤至死孝聞天下肅宗旌之

蓼莪堂記　明　辜舉

江夏古稱忠臣孝子之鄉也東六十里有山曰靈泉禹樹如烟一溪若碧水山之下多巨族大家惟張氏居得山水之勝其中有含山樓右為秋風亭左為春露亭東西有二井東井以觀清西井以占雨鄉沈二家所謂雙龍眼是也朝陽坡下為杜公居而巍然居其上者則宋高宗所建之忠文祠在焉祠前去為大觀樓環翻琴臺[illegible]山見南山棠戶如畫屏焉流水繞門如襟帶焉還

望西山松楸連綿煙雲不斷或倚山為亭隨水為軒以參差錯落於山腰斷續之間若唐人所謂鄴侯書樓其在是歟過金雞關懸瀑飛堤之地至黃獺陵嶒嶸覺山峯巉峨隱隱陰陰綠樹蒼深之中有仕宦居焉其間梧桐引道松竹逕通遠戶而入幽極迴廊之中有小月池拱子之玩月池也有大月池華子之玩月池也左為玉書樓右為蓼莪堂玉書樓者李會泰讀書之處也蓼莪堂者李卿奉親之堂也堂之以蓼莪名也齋宗褒之以旌孝也述於今李公往矣而蓼莪猶在忠文逝矣而廟貌如故後之登斯堂履斯祠者蓋不勝忠臣孝子之感矣是此山之所以足誌也

白雲阿亭

在湖之靈泉因奇墓名自在阿又名白雲阿故以名是亭即靈泉奇舊基

白雲阿亭記

明 李時亮

名勝古蹟

名勝古跡

太虛之中舒卷無心者雲也雲之變化其爲雨乎爲龍乎俱不可知靈泉山阿中有窩焉常出白雲雲見於天則龍騰於上雲鳴於空而雨散於郊是雲者山川之氣造化之迹而未有定在也其來也吾不知其來其去也吾不知其去其去來無定以其消歸於無何有之鄉者仍然太虛之無心而已矣吾因作亭以名之

春露亭

在含山樓側宋張芸叟所建今廢爲船寢

春露亭記　元　沈如筠

六月夏蟬噪林春露亭前池蓮競放香風入座張子天祐侍立其旁先生命賦詩詩成頗能洗清俗態超然塵外之想命鼓琴蕭瑟雅淡鏗鏘然真太古遺響也彈罷之頃頓覺暑氣盡消而衣裾間融融帶翠色矣

秋風亭

與春霽亭相對秋風亭在右今廢乃秋冬遊詠之所沈如筠遠

秋風亭記　元沈如筠自記

時維九月白雁催秋拂雲而競響黃花應節冒九月以重開予見兩岸青松一溪流水與時不在目中憑欄縱觀宛然輞川畫圖也予與先生誤衍朝而玩山夕而聽泉徜徉以樂餘生相與終此亭也

聽松閣

在湖之靈泉山觀音閣左兩山排闥萬松搖綠溪水遶前每當秋際風聲最幽西爽愈佳

聽松閣記　元沈如筠

詰旦宿雨初晴三峯翠色如與予與先生誤衍偕童子五六輩小楹隱芳垌以細草作茵將湖水供清茗鳥聲比

管絃花枝當酒籌樂哉斯遊何減蘭亭哉回顧白雲深
處有寺存焉尋泉聲卧石而上鶯梭如織松濤若韻予
聽之悠然而席地而坐漸覺桑柘影斜村杜將暮已而
呼童子嚴山松望雲木遥瞻秀色插天霞光照人至醺
松閣而休焉

三十

問月軒

在沙湖之東靈泉山下

問月軒記　峪張輅

靈泉山勢盤旋煙雲萬丈湖中有月嶺頭有松門載十
柯竹水蓄一池魚春種百畝田秋飲百夜酒時與三四
良友一二知己或談典故或講時務或高山流水以適
性情既無客俗又少喧囂亭中樹吟樓上高歌題其室
爲自在居爲安樂窩

閒閒亭

靈泉寺有閒閒亭唐僧百韶如曉題詩二句明張天祐續上二句共成一絕頗有佳趣
閒亭芳草溪邊幽一帶青山作畫圖祇有白雲閒不得時時出沒萬峰頭

閒閒亭記　明　張天祐

宇宙之境皆勞人之境也擾擾塵寰之中無一閒地無一閒人其不得以閒名也審矣惟山林泉石之境車馬所不至龍象所不驚去來其間逍遥於岩穴之中出淺為寧之藪覽大地皆動而吾心自靜萬物皆勞而吾心自逸使仰之閒俗情盡捐風月可玩弄也煙霞可嘯傲也行雲流水可排遣也翠柏蒼松可坐臥也吾亭之以閒閒名也庶幾之以近是焉

閒閒亭記　唐　僧　如曉

予幻寄山谷間總林竹間有松砌有閑庭有怪石縱角有綠蘿邊有菊中有蒲團旁有孤燈行則隨行臥則隨臥額之曰閒閒亭更歎之曰只有白雲閒不得時時出

靈泉　後萬峰頭

在湖之靈泉山漢末桃仙云此靈泉也不可鑿鑿之則大雷雨至矣唐天寶末李舍人喧居此鑿之果驗此靈泉大旱不涸陰則雲霧覆其上

靈泉記　唐乾寧元年李景望作於白雲阿

泉以靈名非有然龍之變化而後爲靈也茲泉之靈以山能興雲雨致風雷而始名爲靈耳凡泉皆有源有源必有流有源有流而後清潤飲分焉斯泉無源亦無流無清亦無濁其色碧綠其味甘美寔惹香流衣潔洗目明潛膏澤不與凡水類其泉之靈也如是漢末有桃仙者善卜也尋龍至此見爲岸如門環似鉢錫有二巨石似獬獸狀泉湧然在鹽阿中桃仙曰此靈泉也不可鑿鑿則雷雨至矣逮天寶之末李家命匠人鑿旁基雷雨

大作工半載窒乃成泉復從石脊中流出如流深知靈氣攸鍾矣於是引泉於溪宛然一池雖旱不涸天陰有雲霧覆其上始信桃仙之言爲不誣

龍泉敘　明沈贄之

蓋名不虛立實有由生余南山之有靈泉寺原名也其後寺僧李無懷高才博學宋太祖時屢試不第因削髮爲僧至神宗三年與帝相參拜爲國師且建有亭有序後爲遼兵所毀祇有碑文然則寺名之爲靈泉自此始也靈泉之爲龍泉由無懷致也無懷雖寂相業景望之從也

龍池

在湖之靈泉山上有池古稱龍池

卓刀泉

在御泉寺傍爲關公卓刀待此康熙癸酉國柱陳澳庵

題關聖廟詩 三十年前鄂渚遊皁刀泉上楚天秋雲連
赤壁千峯迥日射滄江萬古流樂廣餘亂悲風昔羊公
愛在松楸闢知廟貌凌霄漢夢繞蘭舟杜若洲

桃溪
在皁刀泉側楚宗正𡍼塋也環溪種桃鄂正域皆賸
以詩

清風洞

張公洞
在沙湖馬鞍峯東石蓮峯左去洞中別有幽趣

在靈泉山上其中深邃有仙境可稱洞天福地也

雲遊洞

在來王山民國十四年八月琴文偕卯鏡川遊沙湖見山上有白雲如遊行狀巡視乃一洞深入有石室年久不可稽出洞口白雲依然遂名

聞泉亭

在卓刀泉側構聞泉建石上流泉聲不絕耳

石上有清音滴滴響泉不妨入耳
山中無別調涓涓流水可當鳴琴
琴文擬聯

望書亭

名勝古蹟

在待鷗山琴文客鄂三十年甲子秋江浙亂鄂電不通懷家書作此亭

三十年歲月易過甌海風雲時勞魂夢
數千里音書遲阻沙湖魚雁幸報平安　琴文擬聯

水心亭

在湖之西南俗名潭底四面皆水風月無邊遊人到此常作竟夕之談

四面湖山教人去人來南北東西爭喚渡
一天風月曾亭長亭短後先左右總無邊　琴文擬聯

白鷗亭

沙湖多白鷗漁人慣以網捕琴文勸止之鷗愈多

聽笛兩江頭憶昔仙乘黃鶴去
消閑東湖上問今誰與白鷗盟　琴文擬聯

羨魚亭

沙湖水清淺琴文放以紅魚蘋藻之間羣為之戲知魚之樂者坐而觀之莫不歡羨

網開三面與數生機皆向興朝爭獻瑞
龍門一躍許多佳鯉好隨雲雨共飛騰　琴文擬聯

惜陰亭

在洪山陶墓側

德以養廉勤能補拙
光陰似箭日月如梭　琴文擬聯

黃鶴亭

在洪山寶通寺背後有亭名黃鶴者因磯在黃鶴故以黃鶴名其亭也

洪山終古留仙蹤
黃鶴如今結佛因　蔡文擬聯

浪花井

洪山無影塔下有浪花井常沸湧如浪其脈通江

古無影塔

在洪山黃鶴磯上高不三尺每日返照略不見影藏骨者不知誰何也

寶通塔

洪山寶通寺後傳爲唐貞觀中尉遲敬德所建陳大章洪山四詠亦沿其說湖北金石存佚考得塔記足以證明矣

書雲塔

擬在侍鸞山建此塔以壯凌雲之氣

九九塔

擬在龍山築此塔作爲重陽登高紀念

重陽樓

擬在湖之龍山建此樓逢重陽節登高望遠有風雨滿

城之感
風雨滿城正值節重陽涼秋九月
樓臺倒影看碧梧葉落黃菊花開　琴父擬聯

宛在樓

擬在湖之當面琴堤中築此樓可眺四面湖山風景清
秋月滿登斯樓上儼然霄漢間也
坐觀秋水長天浩浩洋洋忽有飛鴻空際落
遥聽江城玉笛飄飄激激杳無仙鶴望中回　琴父擬聯

鏡川臺

在湖中洛鷗島上水天一色徹底澄清月鏡團圓尤
光朗邱君瀛川擬監修

遊者如斯把三十里湖光盡收眼底
明可爲鑑經幾千年波浪洗淨心頭　琴父擬聯

永嘉別墅

湖之鳳尾堤琴父寄跡於此與世無聞如在汾上山水清秀與永嘉相似

生平只喜好名山雁蕩龍湫是我家產
斯世難尋極樂土琴堤水月近居士林　琴父擬聯

琴堤

在湖之中央堤上有雁橋金鎖橋玉帶橋謂之三橋兩旁栽秋柳芙蓉絕勝景也

引勝橋

凡遊沙湖者由濤口至歌笛村必先經過此處乃引人入勝之初步在琴園路湖山路之中

根石

在邏迦山金冢下臨湖有然形琴又爲金月英抱根題此

浪淘石

離浴鷗島不遠宛在水之中央淘盡古今波浪成此堅僻之態真奇石也又名枕流

浴鷗島

沙湖之中有巖石磊落不凡似非塵俗所到水清如鏡琴父見白鷗皆浴於此遂名

玉鎖巖

湖之東行山腰有巖如鑽古稱玉鎖巖以其形似也

磨刀磯

梁子湖有石磯相傳關公磨刀於此

摩崖

洪山有摩崖宋慶元元年趙滈識康熙癸酉王以賓登眺得之

名勝古蹟

靜春臺

摩崖方丈上刻有靜春臺三字雍熙壬寅劉清之題

楚昭王碑

靈泉照覆有碑高數丈楚王李璣撰

正覺寺宗派源流四至碑

九峯正覺寺崇禎三年勑賜在寺後獅子峯側建碑

詩碑

明太祖諭僧無念詩洪武三十年建詩碑於正覺寺

東巖

古有東嚴詩刻在洪山寺後懸石上有數處稻粱喧鳥雀數聲鐘磬起漁樵之句

洞賓仙跡

紫荊山西石壁上有足跡今山北石刻洞賓仙跡四字

白雲洞

在八分山南洞上刻無梁殿三字傳為熊襄愍手筆鄂文毅有白雲洞詩見黄離草咸豐中羅忠烈題水流雲在四字常駐軍於此

長山烈婦碑

在馬鞍山下長山舖有烈婦塚其碑高丈許烈婦不知何許人或曰姓范又云姓鄒清順治乙酉一跛男子攜婦攜釜甑自襄郢逃難至此傭工自給男因病羸僵斃婦無力埋有少年傅某欲偶之屬老嫗説婦婦紿曰若能瘞我夫便當以身適少年喜即舁尸至後山掘坎置尸將覆土婦隨投坎抱尸慟哭觸顙流血羣挽之不起適天暮雨至少年等委去而歸意婦必自逝詰朝往視婦已死摟抱如故羣悼之搦土成高冢里人爲之立碑

貧窮氣節風霜色
恩愛夫妻骨肉香　琴父擬聯

琴園

湖之西永嘉任桐字琴父前清遊宦至鄂隱居沙湖建此園於港口其間花木景致分為四時迴廊曲折如入無窮之境點綴山水布置樓臺以及題詠楹聯皆自作自書陳設名人字畫金石古董無不精緻凡遊覽斯園者興會淋漓似有留連忘返之感

琴園叙

琴父自擬

余籍隸浙之永嘉幼時夠遊每與山水為緣嘗思舉宇內邱壑之雅者羅列左右昕夕晤對以為樂以故舊廬雖有臺池亭榭遊觀之美然僻陋狹景物蕭疎既不足以動幽賞之吟咏復不足以助風雅之修禊並以余懷終未愜然嗣遊覽海內名勝足跡所至必留心講求如

名勝古蹟　三十九

袁子才隨園俞蔭甫曲園姑蘇留園都門之萬牲園以及中外各公園非卑插密而少空氣即規模大而無結搆他如北京頤和園其叢設雖精美然過於華麗猶嫌有富貴氣均非余所樂觀余官鄂十餘載挽狂瀾之冥晚視富貴如浮雲早欲從事山林辛亥鼎革後寄居武昌沂湖不聞世事自號沂湖居士琴丈余之別字也備徉乎林泉優遊乎歲月而人莫余知追民國六年春於武勝門外五里許黃鶴樓之北歌笛湖之西濟口地方賒地百畝築琴園園之正面適對大別山有伯牙琴臺哉以余嚮往吉人故名琴園不知斯園也琴以築之琴父居之乃以己字字之者蓋余之樂在乎高山流水問也園之東濱沙湖南遠以夏而樓長江北近青山四顧山川靈秀之奇賞有義不勝收之概甫入門林木衣鳥之佳清幽瀟灑之致悅目怡情超然無廳路分左若徑轉曲廊鑿池為沼疊石為山緣溪架橋水閣平分更前行有大廳額曰樂樂陳設琴瑟鐘鼓鼗磬柷敔之賴俱古樂謳以期好古之人而正天下之聲又有鐃衣瑩奏古樂舞八佾為當世雅人君子所共同觀感者未始非

移風易俗之一助有詩窗收藏詩書字畫以供玩好有
不食魚齋雖武昌魚之美不意以感佛化有花冢昔余
葬花於此作花冢記叙十二花神夢甚詳建十二花神
宮是其緣由也石曰飛鴻曰雲影曰聽詩叟狀其形也
泉曰響泉涓涓有聲也此外分為四時各就時令點綴
風景或題或咏皆有所寄託春則天朗氣清有長堤若
西冷之蘇堤白堤名其堤曰花柳塘一花一柳晴晴明
明路為之遂顏其屋曰桃源春曉燕語鶯歌不絕於耳
堤之東為煙雨亭過去來橋堤之西為鴛鴦亭過鎖煙
橋廻環曲折幾若無窮有樓曰聽雨十里杏花盈盈在
耳堂曰春草余嘗夢弟亮甫情之所感猶康樂之於惠
連池塘春草具在目前且堂與漢陽遥遥相對芳草萋
萋如鸚鵡洲有桃花塢以迓春風有千尺潭以寄深遠
向西南是桃花源裡人家唱杏水醉遊至此境如世外
此春景之恰如人意者正是以暢叙幽情也夏則荷花
盈水沿堤行水中有臺三分植梧桐如荷葉之亭亭玉
立故謂之亭亭左右修竹有竹籟吟風每當酷暑可以
納涼有觀魚臺知魚之樂可悟化機更有山外樓眺望

名勝古蹟

四十

青山相去不遠正如倚樓無語欲銷魂別有會心此憂
景之日長人靜猶湖蝶之不隨春去也秋剔梧葉之聲
風月之佳誰不思家將滿塵遡曰客總亦以寫濁酒一
益家萬里之意有月樹曰一天秋其聽曰月圓人壽約
二三知已歌彝中庭不亦昇平樂事乎廳之對面為宗
塵閣讀佛經高凌太虛登斯聞者月變大千此界一塵
不染水名雁落山茗雁山以吾飆南粉羅山冰甲天下
仿其形勝而卿當卧遊其南南風凰橋至廣寒亭其北
由霜橋至香雪亭四圍種桂花楓葉美蒼折行至西北
入平沙水樹聽沙湖上多落雁聲此秋景之跡跡密密
故令人感概流連於其間也冬則嶺上植梅蓉百本過
度春橋清香樸鼻壁上留題鼻世界三字讀姑蘇吳退
衲先生詠鼻世界句梅衣高樹鼻功德龢得華藏世界
來特為此三字寫照橋邊有榴樹桐之曰舊樹岡赤有
是園而先有廿樹留為不朽之紀念轉角之冷香簌鋤
月館卧雪軒皆冬日槃寒處山下有康樂橋留殺山花
懷樹客之流風寫故鄉之韻事山之通幽處有一洞行
佛武陵源名曰飛霞洞步步引人入勝出洞口不數武

則將山窮水盡焉忽見乎奇巖磊落古樹蒼蔓若有林泉之趣者曰長生谷向北過三疊橋有問漁亭在焉回望山頭雲影林樹參差似雲裡有人家朝夕過此望雲思親自題曰白雲深處此冬景所以紀歲寒而不凋者顧人人共樂此長春山四時之景不同四時之樂何如每至一處必有一處之風景有一處之題詠如碧天秋思雪塞新語漁樵問答鷗鷺忘機要皆隱逸者之辭嗟乎衡門棲託泌水優遊敝屣軒冕之榮躡屐煙霞之境垂綸於磯畔高嘯乎崖巔志氣軒昂襟懷灑落其人胥託以逃焉嫉邪憤世抑鬱窄愁歌詠詎吟別其哀曲貌為行樂而賓以寫其憂余則非其倫矣寄情山水適吾天倪枕石以聽泉聲迎風而尋松籟鳴琴在天畫圖入目曠然寫遠樂以忘憂此余之志也敢述顛末以誌緣起尚希大雅宏才鑒識微意寵以佳章藉補風光遺留鴻爪庶幾叢爾琴園得與鄧渚並壽不僅生色一時已也此則桐所禱祝以求者矣

名勝古蹟

二

人物

漢

樊噲

沛人以屠狗為事與高祖俱隱於芒碭山澤間陳勝初起蕭何曹參使噲迎高祖立為沛公後攻秦屢先登有功沛公入咸陽欲居秦宮室噲諫乃還軍霸上項羽會沛公於鴻門范增謀殺沛公噲持盾直入譙讓羽是日微噲沛公幾殆及定天下累遷左丞相封舞陽侯卒謚武墓在靈泉山

人物

四十二

墓碑　　明　張聰撰

余少時奎天馬峯下聯寢後山有漢冊畢樊侯之墓七
大字半為蒼苔所掩有一石高八尺又題武陽侯三字
聰閱進士樊時中譜云侯之噲之墓噲母墓在武邑樊
山觀者辦焉按噲產於徐州似不葬此樓今父老所傳
之是武陽侯之祠則靈泉為噲墓而與疑年
明弘治年間楚王營恬寢拯墓誌果是樊噲之墓棺木
究然紫荊袍棺氣如雲蒸下者二白石似於忽然陰雲
竊合往鳳觸人隱隱有當聲楚王見噲形心驚伏地不
能仰視許以重祭葬之寢家如王禮　明鄉縱魯
世傳樊噲武陽侯墓下有一石碑題云地本楚王地椎
借五臣年楚王來列此稜我在西邊楚王怪其言倫枝
在東堤地大得一石碑云西邊如不許東邊任兩遷遂
葬於東邊由是人皆鼓傳以為異而竊有疑矣沈寶之

樊氏譜　　明　張添祐

漢武陽侯樊噲產於除汾幼而學劍有大志略長而從
沛公遊致成帝業身受封侯之榮此豈恐夫事哉然論
者柄噲乃屠狗之輩蓋歟李小人之言也夫夫學劍松

鼎之雄固力士所優為而百戰殊死力一言歷群策即智勇又何以加吾觀鴻門飲宴沛公危如累卵噲侍其傍一時英雄怒目欲手而奠無禮於漢高之前世亦知噲為何如人哉樊時中之譜出噲之苗裔相傳武尚為噲封侯拙故有武陽樊儀之名樊山樊湖之稱是矣說者謂靈泉為噲墓樊山為噲母墓樊氏子孫所世守而桃祀之者予甚然其說余先世祖張若莫自宋建炎望靈泉循樊氏故地其樊姓衰微也無我則知此地為噲坎奚疑今樊君時中洪武甲子獲鄉舊非將相之姿嘅起之英而能魁梧奇槐若是也鄉時中麗予為之作侍予曰多廣也請登諸譜俊子孫能知其由不尤愈於作傳乎時中唯唯請公記其事為我書之然則後之讀樊氏譜者其亦知我廣傳於譜寓譜於傳之意也夫

黃香

字文疆九歲失母思慕憔悴人稱至孝父舉孝廉為郡

五官貧無奴僕香躬自勤苦盡心供養暑扇牀枕寒以身溫席年十二博學通經史能文章太守劉護聞而召之初除郎中章帝元和元年詔詣東觀讀所未見書帝顧諸王曰此所謂天下無雙江夏黃童者也安帝延光元年遷魏郡太守著賦箋奏書令凡五篇祀鄉賢通志謂香墓在安陸又傳墓在房縣西門外漢名臣傳黃瓊自叙年譜里居江夏太平里即黃公鄉

黃瓊

字世英魏郡太守香之子也永建初徵拜議郎遷尚書

令永興九年拜爲太尉舉奏州郡貪污至死徙者十餘人尋以五侯擅權引疾不起卒贈車騎將軍謚忠侯墓在太平里漢唐古志謂在青石邑今其有青石鋪或邑爲驛之訛

黄琬

字子琰瓊之孫父早喪少辯慧建和元年日食太后詔問所食分數時瓊守魏郡難其對琬方七歲侍側曰何不言日食之餘如月之初即以應詔司空盛允有疾瓊遣候之會江夏土蠻生事戲曰江夏大邦蠻多士少琬

曰蠻夷猾夏責在司空允甚奇之稍長拜五官中郎將光祿勳陳蕃深相敬待頗用志士為權富郎所中傷陷以朋黨蕃坐免官而琬亦羅禁錮幾二十年光和末太尉楊賜薦之拜議郎擢青州刺史遷侍中歷太僕出補豫州牧值寇起琬討平之徵為司徒遷太尉後董卓秉政琬諫遷都曰大業既定豈宜妄動以虧四海之望卓怒之琬曰白公作亂屈盧冒刃崔杼弒君晏嬰不懼吾何憂竟坐免後拜光祿大夫及徙西都轉司隸校尉與封陽泉鄉侯同司徒王允謀誅卓卓將李傕郭汜攻破長

安收琬下獄死墓在永豐里黃柏山下

晋

陶侃

字士行鄱陽人吳平徙家尋陽早孤貧為縣吏廬江太
守察侃為孝廉劉弘辟為南蠻長史在江夏太守任先
後討平張昌陳敏杜弢蘇峻官至侍中太尉封長沙郡
公加都督交廣寧七州軍事拜大將軍在軍四十一年
雄毅有權明悟善決斷自南陵迄於白帝數千里中路
不拾遺嘗刺廣州在州無事朝運百甓於齋外暮運於

齋內曰吾方致力中原過爾優逸恐不堪事故自勞爾後轉荆州刺史嘗語人曰大禹聖人乃惜寸陰至於吾人當惜分陰諸參佐以戲談廢事者命取其酒器蒱摴之具悉投之於江將吏則加鞭朴曰樗蒱者牧猪奴戲耳嘗造船其竹頭木屑侃皆令籍而掌之人不解所用後會積雪初晴聽前餘雪猶濕乃以木屑布地及桓溫伐蜀又以侃所貯竹頭作釘裝船其綜理微密皆此類年七十六卒謚桓墓在靈泉山半里許小花山下

陶安

新淦人姓湛氏侃父丹聘為妾生侃侃少為尋陽縣吏嘗監漁梁以一鮓鮓遺母母封鮓及書責之范逵嘗過侃時大雪母剉所卧薦以飼馬又密截髮以易酒肴逵聞之歎息曰非此母不生此子

孟宗

字恭武三國時世居汾湖孟城白鶴山下有哭竹亭天性純孝官至御史贈司空祀鄉賢墓在鳳凰山母冢畔一說陽新有宗墓

孟孝子傳

明 張必貴

嘗讀孟氏傳而知忠孝本乎性成也漢關壯繆若翁世

居江夏微時耕於孟城之野漁於南浦之湖湖即沙性喜讀書而又愛種竹竹長千竿人號孟氏里岳翁生宗字恭武教之習漢怡筆支龍蛻之晚教之讀闈易學參議文之異著術義而絡絕傳世稱孟氏之易辭此家學之淵源也如是而尤可異者天性純孝宗生教載父與食必跣而愛際花母曰兒勿怒子母之為鄉孝母以亂食亦如之稍長勤於灑掃即知代勞種蔬釣魚以供甘旨夜則論讀弗無恬然於庭也親老坐必執几行必熱杖其孝養之氣依依可樹也父沒而葬之剪藤抽薪不留土懷四時拜奠哀不自勝繼隆冬濟暑亦然母曰喪途三年哀可巳矣恭之何蹁襤也宗曰吾傷之吾不忍其在土也母年漸衰盡白於螢宗嘗寒夜必拂衾蒙足而卧湯火之具弗總於幃稍不豫飄掩泪沾襟如不歎生也及母客漸頭權忻鼓舞如出望外母有眼疾宗餚目生明母知卦著而好樓居宗妻黃氏出粧資買宅於凌湖之南其地寬乎采去為垣內植花卉母顧而樂之白所廿者井與亭耳宗鵝之為亭母曰亭何名宗曰孟母亭叔曰善哉是孫雖然吾獨愧乎孟母也亭成鑿井於前母

憑欄而觀之似忘乎老焉故後人又稱為忘老亭云母一日寢疾心甚憂之思食新筍時天寒凍宗向竹院號求之不可得遂抱竹而哭須臾生筍數莖持歸母食而愈君子曰非仁孝格天不能也垂年八旬有辟而終葬於鳳凰山下竟令院柩六葬朝廷聞之舉其賢良官至御史贈司空雖脩顯貴而獨慕終身也後世孫孟珙者因宗舊址建祠鑄井故今傳為孟孝子祠云

孟嘉

字萬年廿知名宗之曾孫太尉庾亮領江州辟為從事後為桓溫參軍溫甚重之九月九日溫宴龍山大風吹嘉帽落嘉不之覺溫命孫盛作文嘲之嘉即答以文甚佳韓從中郎遷長史卒

人物

四十七

孟陋

字少孤孟嘉之弟喪母不飲酒食肉者十餘年親族謂之曰毀性無嗣為不孝後吉簡文帝親政命為參軍不起或謂桓温陋學為儒宗宜引在府温嘆曰會稽王尚不能屈非敢擬議也博學以文籍自娛長於三禮註論語行世

唐

李道宗

唐太宗之叔封江夏王唐名將也事母以孝居靈泉関

長孫無忌褚遂良所譖坐流嶺表墓在靈泉朝陽坡忠
文祠後憲寢下

唐將軍李道宗封江夏王傳 明張添祐

江夏王李道宗唐名將也少事母以孝聞子孫居江夏
靈泉家甚窮苦道宗傺太宗尊行以才能見用貞觀四
年與張寶相討擒突以歸可汗頡利獻於天朝部落委降漢
北而南盡為空豐其功豈不偉歟太宗御順天樓以受
俘罔上皇高祖聞之歎曰漢高祖困白登而不能報令我
子宗太能滅突厥吾付託得人復何憂歟因與諸王置酒
相賀以誌功也自是而四夷賓服中國晏然胡越一家
古來有也他日太宗圖畫功臣於凌烟閣而道宗弗及
為為乏恨云拜考貞觀十八年太宗謂侍臣曰於令名
將推李世勣傺姓道宗萬徹薛傺江三人而臣既無為
名將矣而何以不與為是則可疑人也抑或有說與至高
宗永徽四年故相房玄齡之子遺愛者與高陽公主謀
立荊王元景為帝事洩伏誅而道宗為長孫無忌褚遂

良二子所謂亦世流類表嗚呼歟名之下難以久居功
成身退可鑒金陵李嶠道繁惜之

李善

字次孫有雅行淹貫古今而不能爲辭時人謂之書簏
顯慶中累進崇賢館學士兼沛王侍讀坐與賀蘭敏之
善流姚州遇赦還居汴鄭講授諸生四遠傳其業號文
選學所注六十卷後還江夏永豐里墓在九峯盤龍山

李邕

字太和善之子江夏人少知名既冠謁特進李嶠嶠願一
見祕書嶠薦直祕閣未幾辭去嶠驚問奧篇隱帙了辯

如響嶠及張廷珪並薦拜左拾遺會御史中丞宋璟奏張昌宗語不遜請付司法武后不應邕進曰宋璟志安社稷非為身謀望可其奏武后色稍解天寶初歷汲郡北海太守性豪放李林甫惡其負才使氣因事矯殺之雖謫外中朝衣冠天下寺觀多齎金帛往求其文有文集七十卷時號李北海祀鄉賢墓在九峰盤龍山

李暄

邕之子避亂靈泉山後為中書舍人墓在靈泉山今後裔猶居永豐里唐史志之江都誤矣

人物

李詷

愷之弟居靈泉建岳麓書院因父難削髮爲靈泉寺僧

李鄘

字建侯邕從孫至性純孝肅宗旌之顔其室曰孝義初舉進士授秘書正字李懷光辟爲監察御史遷吏部郎中順宗時轉刑部尚書引疾以太子少傅致仕謚曰簡祀鄉賢墓在盤龍山

李栻

鄘之子仕歷鳳翔節度使以秘書監卒

李磎

字景望乾寧元年宰相鄘之孫栻之子大中末進士累遷戶部郎中分司東都黄巢陷洛挾尚書八印赴河陽昭宗重磎後召為同中書門下平章事李茂貞等上言其非帝不得已罷為太子少師時茂貞與王行瑜擁兵闕下列磎罪殺之都亭驛行瑜誅詔復爵謚曰文磎好學家有書萬卷世號李書樓子沇字東齋亦以才名俱遇害墓在靈泉山東故宅後近湖

宋

張叔夜

宋哲宗朝以經學明儒術以翰墨通武藝及登進士明於吏治當世士民咸以偉人稱公矣歷徽宗朝四膺鼎沸盜賊蜂起朝廷台公爲樞密院諮討鴻運征方蠟於睦州服宋江於淮南誅張仙於山東擒孝成於海門討高托山於河北破金遼於長城其智勇才略足濟時艱東京受圍父子勤王死白溝河忠肝義胆卓然貫長虹而寒星斗也及公沒群賊復叛使天下徒深望想而已

咸靈王像贊

明 張天祐

金天大帝降靈於太白坐鎮於西山皇風來自太古神

化符於主元來室乾坤顛倒天羅地劫衛臨夢中協胎叔
夜鐘坐形如梓橦鋭似帝君顯盛五柳留分半月吐白
毫垂變腮鮑文武金才德宋王為政平定中原收殺水
滸東京受團報恩赦主鳴孤忠於一叙留丹心於碧空
神兵貼戰功歸沙漢勅封成靈萬世欽崇
張氏祖廟衛文　元張　誠
先人張着輔相寒皇仁宗勳名道德著於汴梁熙燾聯第
翰死文章稽仲叔夜報國無雙伯奮仲熊同劍邊疆狀
元張棟杭節咸陽錄為咸陽太守引兵於太白山下兵趾汴不屋而璟遇大白
之籀精硯洋洋兩蒙聖賜忠孝流芳藐爾一子逃富剎
襄二界十抵年底於江聶曾草為房締造纏營戇苦備當以
造於今卜世其昌大元喪兵超兵蘄黃普厭活旅德我
實王送之饒州餘下縣名凄凉德走德興依於氣崗一家
百口採薇作湯兵山楚水風景堪傷繼我神祖顯聖得
粮十有五戴蹇厄非常洪武定鼎安插故鄉西宅江憂
棠塑武呂我來靈象白脊端場清風明月入戶穿堂野
蔡和羨收驚一方嘻嘖禹朽遍垣山荒聖朗有道樂賣
陶唐徵車入里洪武壬子張洪被聰丹桂飄香半生辛苦付於筱

人物

五十一

蒼繼汝子孫念裁常念
按張養浩以六百金活晉勝父子命晉勝娶鄒廣將人
元末事徐壽輝後為陳友諒將晉勝以大將軍金寶王
百口之命故送至饒州安置皆當年六百積善之報

張叔夏

叔夜之弟官中大夫宋亡為金虜所獲投河七日過舟
人救復扶徽宗第十子趙松即小宗為帝閔兄難投河死
葬於張太湖土城中土名天子崗

忠孝烈傳　之沈如筠
嘗觀古賢人君子當衰亂之季有遠適異國而各行其
志誠有大不得已者矣宋臣張叔夏者張叔夜之弟也食
中大夫祿鞠躬盡瘁不愧臣職矣宋亡為金虜所獲身
縛玉鑾投於黄河飄流七日舟人救之猶有生氣既甦
欲自殺以報國恩舟人救之曰邑破家亡之日從死無

益子益勉為後圖於是扶宗小宗潛形自楚隱於張太湖中築城修堤走馬操戈欲為振復之舉聞叔夜父子俱死難仰天大哭赴河而死楚人士義之葬於土城塔呼為天子崗是也未幾小宗亦亡至寶慶元年其子逸民抱骸來歸哭於忠文之廟（在泉雲山）嗚呼叔夜叔夏者真難兄難弟其同死社稷之心可謂忠矣烈矣與古仁人義士並傳於帛朽矣籍當過其墓憑弔久之不禁吹噓欷絶愴然而下亡呂之淚

馮其龍

生子二長子觀觀生商商生式式生京次子栗生潮潮生奕奕生瑞（瑞中 拌夜）

馮觀

字乾一善卜筮好山水尤精爲經田買又邑稱巨富後

人 俭　五十八

遷居永豐驛

馮商

字金溪奉行善事不倦馮氏子孫之盛皆公積德之報

馮式

字程奕又字訖之博邑庠生以明經選進士授著作郎喜為善事生子京中三元

江夏寶善堂記（堂在夾山麓自馮公卅唐）　宋馮式

江夏古為鄂渚南通瀟湘西為巴蜀山川之所匯合莫盛於江漢風水之所蘊釀莫隆於衡岳奇人傑士之所居止莫奇於靈泉自卅唐公修祠於鄂城而樓隱於夾山傳三百餘年世祿望族至宋皇太宗朝祖考觀公積德行善愛讀詩書而樂觀漁樵宅前有湖築堤畜魚因

名其地為馮公澥先君子甫公家雖素封而積德愈廣與靈泉諸名公為交遊其學問德行優於鄉邦母年五句生式於外祖張公琴樓之側式之獲集蔭以此也哉式甫冠博邑庠生以明經選進士授著作郎年五旬艱於嗣息以余心發之有紫衣道人相曰君三世有大德當產偉人以光門閭明歲攖衣開玉虛仙子來言訖不見明年生京魁光滿庭吾鄉縉紳先生慶賀於門僉曰積善之家他日當大魁天下為三楚之首望式也希敢拜納嘉言以書於寶善堂中

馮司徒廟碑

宋 馮京

自伯益佐禹肇封於周賜姓為馮延及於漢世祚流芳矣東漢以來雲臺標績於中東苗裔永通夫仕籍考其時馮族食采者十四世其中錫系彌壽熟非祖宗之孫遠流長之以致之哉兩晉而下世居青徐降及五代而渡淮泗三徙河北其流寓失所者皆離亂之餘燼也皇唐受命祖名馮興誕及馮岳歷開成定遠餘慶諸公至馮三畏官鹽鐵轉運使始遷江夏郡握馮馬池獲金十薦其弟三元宦仕西粵而公獨居鄂享年八十春秋葉

江邑城三十里為楚地名奉水鋪生宏英稱頌彥士產
天命為尚書見江漢楚英美傳世塘泉山公秘書建寶
善堂於夾山歷元會亨陽利勇銘述其裳美至乾一諱
觀鶴京祖樂善循理廣積陰德生金漢公諱商次苦勵志
品行卓犖光明如日月正大如雷寬節模如冰霜力行
聚善數十年半百無出買妾於詞南御幃以歸赤見顏
色閒其年曰甫及弁聞其由曰贖父罪公卿天嘆曰女
子且知孝男子獨不知義乎指金八十遺之使歸噫以
公之大義格天篤生顯考諱式聰明仁厚克承歟緒一
登進士自登貢外此天之新施善人應如是也嗚呼顯
考事我祖母老憾人孝養於身不衰弛我世太夫人尤
孝事姑生京於馮家澥以長太夫人懿鼓廷明而廷試
叨括首遜皆戒祖宗累世積善之餘慶也歷官二十餘
年蒙皇恩蔭及二子擢文淵文海入内閣賜中書舍人
是君恩與親恩而並隆也京推楷首昌言以對揚我天
子之休用勒諸石以垂不朽大家元豐己未五年三月
毅只馮
京敬書

馮京

字當世江夏人少儁邁不群鄉舉禮部廷試皆第一時
猶未娶妻張堯佐負宮掖勢欲妻以女擁至家中束以
金帶曰上意京力辭後拜翰林學士知開封府韓琦為
相數月不一見琦謂其傲以語富弼弼使往見京謂琦
曰公為宰相而京不忘詣公者乃所以重公也豈曰傲
哉論王安石為政更張被譴後以太子少師致仕召京
知樞密院以疾未至帝呼左右語曰時夢馮京入朝甚
慰人意乃賜京詔有渴想儀型不忘夢寐之語以觀文

人物　五十四

殿學士知河陽哲宗即位拜保寧軍節度使紹聖元年
薨年七十四歲帝臨奠於第贈司徒謚文簡墓在縣南
百里保安池上

三元記
馮當世父爲商壯年無子將至京妻以金授之曰君未
有子可以此買妾迨之京買妾立券身錢已償因問所
往來喜退不肯言詰之云父爲還官督權欠折驚身以
價逐劉然不犯遣之還不索其值及歸妻詢其安在
具告以故妻曰君用心如此何患無嗣居數月妻果
服將誕里人夢鼓吹迎狀元迎生京後其父憂行善事
旅郎得金數百竟不行候失金者至還之京讀書於潛
山僧含借有肥犬同學者共烹食之僧訴於縣株連及
京京遂獨任其事畧不推委令乃命作偷狗賊攪筆立
成中有警聯云團餅引來喜榜績貽之尾索絢帝去鷺
可觀兔之頭今擊節稱善遂釋之延之坐贈以學資俾

得入試明年遂作三元傳奇有三元記明初人作即衍其事宋代連舉三元者王曾宋郊馮京當時有不偶科名之目後世總稱科目之盛以為必有陰德致之故舉學德卓行愁歸京父

按三元記是傳奇作者未免誤會琴父查買妾遣還是京祖父馮商之事商生式式生京讀馮京自作馮司徒廟碑文郛知其詳

張舜民

字芸叟宋狀元張諫之子先世洛陽自張諤官鄧州数仕家於湘東里嶽欽南將時祖握竊叔寂父狀元諫死太白山下祖母蔡氏母王氏投井死長伯伯奮次伯仲熊自刎闔室殉節白濟河芸叟時年十二亦將赴井大將

張勇抱持慟哭賦哀之釋去勇乃與芸葵奔靈泉山時在建炎年間力耕自給鋤地得金鉅萬買荒田三百畝積溪水蓄魚苗採松栽種茶乳卒致巨富宅前起茅屋六十間排列如市使野人貿易四五年遂成數百戶大集乃聘名儒講求性命之學立祠刹四壁人像日夕拜酬哭不絕聲理宗時勅建坊授太宰者有南遷錄墓在靈泉朝陽坡忠文祠後

孟珙

宋理宗嘉熙元年蒙古昆布哈攻黃州鄂州珙率師往

救民喜曰我父來矣敵遂遁

李宗孟

北海後裔年十二舉神童爲中書舍人元時不仕

元

沈如筠

字無回號開平先生自元英宗至治二年成進士歷順帝至正二十三年癸卯升觀文殿大學士與首相伯顏哈麻有隙陟相僅十月屢疏奏未幾謝職掛冠歸隱靈泉山喜遊嵩岳登高作賦故自謂嵩庵居士黄鶴樓詩

碑上有如筠詩一首并著有寓常集寓雷集

張誠

字應元舉孝廉元末不仕僻處靈泉力學敦行元癸卯至乙巳嘴嚙積野竭力碰之洪武壬子以康茂才薦台試白燕詩賜翰林暮在靈泉駱駝灣莊寢前其墓因雷鳴七日得不掘子添祐以孝聞

張孝廉傳　元沈如筠

江夏古稱名邑先朝人物如孟氏之仁李氏之文學張氏之節烈是三家者江夏之望族也近日李氏教子傳家惟孝廉一人而已孝廉胸懷洒落雅志林壑蕭然一室有以自樂而且不妄言笑不趨名利動循法禮行中規矩故其子弟皆化而雅飭鄉黨皆化而醇謹是為世法

令人救服焉

明

昭王

藩封曰楚以東湖為歌笛湖種蘆取膜為笛簧有九竅

昭莊憲康清端愍恭等墓并楚府宗祠均在靈泉山

鄒智

翰林世稱鄒氏神童其第宅舊在靈泉山寄居

鄒彥魁

成化壬午舉人恩賜翰林及第官太常寺卿住靈泉山

楚府儀賓郭繼書[illegible]其後裔

曾泰

洪武壬子以秀才廷試第一上重之每慷慨論事言無不從官户部尚書爲江夏文學之祖天子垂知名去職號東正太子諸王咸賓那之鄉里有善壁武元白衣尚書之稱祀鄉賢墓在靈泉酋澗上有石室藏其中

祭曾泰先生墓文　明　杜宗徵

人才之生雖地氣使然亦常不由應運而興乎惟其應運而興故地氣相會人[illegible]相感而適其風雲際會之秋夫豈偶然之數也耶江夏風穢才數自循生噫於漢萬年[illegible]鳴於晉北海鳴於唐世鳴於宋轟烈鳴於元其他有過不過者固難以悉數洪武壬子歲吾鄉那之士

同陞舉者十有七人群號慼於京師召對之時先生首試及第入則陪侍經筵退則校讐東觀詔太子親王視膳凡九卿百職事咸賓師之其禮抑何隆哉未幾出補饒州太守治績有聲天子知先生才可大用以布衣而為尚書於此之時彬彬雅雅爭先恐後共竊一代文明之治何其盛卿十七樹年間登眾錄幾及其半出者退者亦文哉人其幸而存焉僅兩三人耳嗚呼何有終之鮮異自古文人學古委棄於草莽者不少乃其間得自致於金馬玉堂之列以傑然自見其才者千百以一兩人耳英過不可謂不幸天子越帶搭而用人亦冀得魁格瑰偉之士於百官廢僚之中發此數人其致之不可謂不難而淪落鎖歟若此其奄忽也豈非壽才者之所嘆歟今登先生之墓追述芳徽景仰高風因並目其人以誌予之感

張璞

字中美（史作中善）宏治乙丑進士由歸安縣名授御史正德

八年巡按雲南遵東閣視時鎮守太監梁裕貪横為劉瑾心腹璞裁抑之為所誣繫獄死嘉靖初贈太僕寺少卿賜祭葬墓在靈泉天馬峯左璞葬用石椰為墓藩所鑿見棺鮮明附彝於左

祭張監察先生文　明　熊廷弼

皇明萬歷某年月日同邑進士李自壹臣成功段然佟致祭於皇恩贈封太僕寺卿張公諱璞字中美先生之墓曰粤稽古者風俗淳樸士尚實行秀者敦詩書而尚禮讓賢者重廉恥而矜名節故草野有真儒而朝有良臣也後世功名之士競趨於偽而忠厚廷直之風已不概見於天下矣即其時容有秉禮度義間出於鄉然不過什百儕流中一二人而已窮措戢光生家世名簪紳青拖紫之榮不足為美也奕世傳儒博古通今之才不足為侈也其可為一人道而可為天下道也蓋以

忠孝之家而復彥忠恭節義之後而更生節義其不可及也如是伊維先生賦性剛方淡泊自矢窮為樸素心為舉麗寓為正直毋為詭隨以立身之大節為立朝之大節寸心葵傾抗逆鱗而不忌端膛寧騷抒權貴而不嚴雖須身天獄而猛如列火即遺骸故鄉而潔如寒冰人為先生惜我為先生幸曷幸乎爾幸夫忠言之遺月而直道之不泯也榮辱生死矣定論矣噫正大如先生其誰與比乎光明如先生其誰與京乎慷慨激烈如先生其誰與儔乎吾知翹首天衢昂志雲霄浩浩乎與造物同遊矣嗚呼彭祖非壽顏回非殀生順死安蓋棺事了大丈夫生為孝子死為忠臣何慚於聖賢何愧於天地哉今聖天子當陽嘉乃忠直贈爾榮封山川崢嶸其與公子公孫同獻一滴於黄泉顯播英風於萬古謹宣皇誥公宜欽聰嗚呼尚饗

杜宗騐

永樂甲申進士官布政司本姓李先世唐王道宗封江

人物

丑九

夏王居靈泉山今獻寢左地寬平者即其遺址也子孫因以爵為姓故姓王傳數百年而中葉衰微寄附外家改王為杜自杜孝先杜淦始也迨宗略愷齊贊穎復姓王以進士官參議大夫杜竑被抄閣室充四川軍改姓何何源何清何諒何還何伶俱科甲故李王杜何同宗

辜臬

號陶谷先生原姓直漢賢直不疑之後也後世孫直亮仕於唐戰死異域其子孫仕辜州遂以辜為姓至太初元年任靈泉洪武朝以秀才被徵辟賜翰林及第官刑

郎侍郎與曾泰張誠生同鄉而舉同時也上問曰汝父何名對曰臣父名辜董上曰永樂何必辜只有董可也因賜姓爲董說者謂先生乃漢時董仲舒之後不雅

董禮

永樂甲午舉人任教諭歷官通政司辜彝之後

潘縉

本姓董成化丁酉舉人爲姑母立嗣直辜董潘同宗

張豁

進士官國子監祭酒墓在天馬峯右

張鄘

字文憲洪武癸酉舉人翰林院五經博士

聶炳

字韞夫元泰定四年試大别山賦登進士第洪武初以人才舉初授承事郎同知昌平州事轉寶慶路推官會峒猺寇邊湖廣行省右丞禿赤統兵討之屯武岡以炳攝分省理問官悍卒多掠民為俘炳言於禿赤釋其無驗者數千人至正十二年遷知荊門州淮漢賊起荊失守炳募士兵七萬復其城又為四川行省平章咬住

復江陵既而蘄黃安陸賊復熾合攻荊門州炳率孤軍晝夜血戰援絕城陷被執罵不絕口賊斷舌挾齒支解之

張弘

字盧宇永樂戊子舉人巳丑進士歷官山東按察

祭盧子先生文　明邑進士沈承

嗚呼悲哉吾婦疑雖信信於造物也造物爰公可謂至矣宇宙間聰朗男子意氣丈夫如公者圓不廾而璧決射見老蔡蓄者多矣即不然無饋謝之褒而室高鬼瞰脈美人指為風兩所飄摇者多矣即不然坐不委堂而陰勝人道倪仰缺陷抱遺根於鱗不者多矣公以太僕公為之先太僕公厚德靈謝如廣履長被尤焉念鞠衷詠公括逝任隱間申亲煌煌主步可樣珊瑚可确日惟聲鮮詠醴對貴客而巳際高軒之過酬卧無應也媚婿傑炭騎從如雲禮樂衣冠子孫如竹騰德王謝誰能逾

人物　七十

人物

此許公所需惟海屋添數枝壽耳師長留公為烟火之神仙何不可而又必舁飛生校章華之去也悲哉是則可疑者也辭之者曰天地萍也萬物馬也寶貴要也人生之中電也露也客也逆旅也造物不歛沒溺公於塵懷故使點頭悟撒手行之寓駕鶴嘯傲洲島寶於愛公之至意也嗒嗟此亦理之可信者也予哀朽附太僕公之年末而又徹太僕公之慰息與公誼則道家之而分則兄弟也故前之疑蓋以求從之見哭公於人間後之信益以達觀之說戀公於天上也

張尚德

永樂戊子舉人癸未進士歷遼東巡撫二十餘年

樊時中

歷官巡江道

九十

湯泓

成化乙酉鄉舉第二後為令著治績同鄉祭酒張軫薦
其賢擢御史力謝歸里時論多之

張遹

字長空號東白萬歷辛未進士官黃門吏以文行著人
爭師事之因獲罪楚藩老於京師江沛然為輯所著曰
歐陽老人集

張東白先生傳　　明　江沛然

古之君子學成而天下用之即不得志而亦不窮窮於
人間其流風遺韻益以當之也我夫子東白先生謚文
山者得力於乃先張中美而陶成邑公巨卿故其學問

人物

宏博造詣淵渫非世儒所得而窺其門奧也沛親炙門下十餘載剖据歷光而發知文字精常其立言貴有體也沛舉進士賓客來賀先生不為之喜既任吉水吏治民風署書可觀先生又深為之喜沛嘗點職賓客求帝先生不為之屈既作提刑獄底澄清民歎南山士咏甘棠先生又深為之憂遂邂於公鄉間贊士武鄉尊之時海公瑞蹟稱天下理刑之官若江沛然者可還滇南沛奉命至京師曾先生於署所命承白慎刑郎民為官之道只在不杜一刑不究一民矣公至正方不歎於心無惡於身不然狹必及兩沛遵師訓蔬燒於心此至雲南畢民府中辭誣赦之罪十謀教之罪九委殺之罪七十餘人縱秋之罪四十餘人南民成焚香權呼曰數年究桀雪於一朝既歸泣送於道及抵西楚而江又男重罪之究數人凡此者皆我先生之惠愛及人也先生世號理學名儒淹貧經史箸作鴻文洋洋灑灑未竟而終沛於公餘之暇修輯成帖題曰歐陽老人集皆我先生手澤之未忘也先生太僕之後昆其文學德行性情品詣皆一一如太僕焉是其家學家法之兩無根於前人矣沛

六十一

叙於舊集以為先生傳

江沛然

字應嘉萬曆進士知吉水俗多溺女禁之推官歷南郡都察院經歷執法不阿著有歐陽老人稿

張鍾靈

字一鄉武昌人後徙江夏宏治戊午解元賂跡家塾脫然聲華之外終身不仕

何炌

成化乙酉舉人辛未進士官監御史

張必貴

字榮三洪武丙子舉人補縣令遷太守御史舉其才除授主事永樂中擢升三遷都堂欽差都察以廉直著

張天祐

字仁一號鶴山七歲能文日誦六千言過目不忘人號靈泉才子洪武癸酉舉人甲戌進士本一甲第三名以不敢居老師宿儒上奏讓於戴德彝上嘉之後擢詹事多方輔導太祖敕賜忠良正直四字褒之戊寅致仕宣德二年屢詔起爲臺諫以諫癈后忤旨歸上建文防微

疏救荒全民疏巡河疏墓在靈泉天馬峯昭寢右

沈賁

弘治己未進士任雷州同知

李咸

舉人居靈泉官督學使

遂李都堂神像　明郭振奇

明楚昭王出獵逐白兔於九峯獅子山見李氏墓竟奪其地掘唐相李鄘之棺都堂李咸死之英靈不昧每與王較王惧之平其冢以為寺茶鹽二客出資巨萬使內官郭誠董監修埋僧人無念於上作千佛殿以壓之李為祟不已因修李公饗殿塑像以祀之吁昭王本欲得李氏之地以為日後安身之計豈知鬼神降禍不已而卒廢為寺場以葬山僧枉費心思於當年徒貽惡名於

後世識者已知其非忠厚開國之道惜我

任家相

字白甫廷試第一戊子舉北闈鄉試甲辰乞署婺源學博刻朱子孝經刋誤建文起堂輯論世景行二編以楷模多士擢翰林院侍讀充醇王講官上勤學箴又條陳時務以孝經定試題制宗學以廣人才祠國學以崇名宦鄉賢務工部司務具請瑞王婚禮及諸疏俱無諱乙卯卒於官著有雲龍閣集行世祀鄉賢墓在縣東報德寺右有碑

桂時香

字方宇明萬歷時郡庠生學貫古今時人呼為書囊尤好善舉於沙湖白羊橋頭建一方便菴施茶粥步橋頭里許湖港病涉復捐資建橋橋成見白髮翁口稱盛德轉盼不見里人傳為仙人因名會仙橋

民國

金月英

金陵人生於清光緒甲午九月十三卯時卒於民國甲寅八月初九亥時年二十一歲為女伶卒時在漢口新

人物

民劇社性貞烈葬沙湖邏迦山之陰人皆稱為金貞女

金月英傳　琴父甫擬

金陵有女子名月英少孤依金氏為女及長金氏再醮與漢口張君谷樵扶月英與俱月英視如己母能孝養頗知大義學女伶善度曲登臺獻技色藝冠一時每演古今歷史上種種悲歡離合無不曲盡其妙令人對之生感惟秉性高潔谷樵欲指為媳英以母命未敢遣而心實不願憂憤成疾臨訣謂母曰兒是未嫁身兒之清白可自信也兒在漢上新民演劇積蓄至十餘萬金兒有此錢母可無憂矣言畢瞑目而逝聞者惜之一時有金貞女之稱噫女伶月英以一弱女子尚知大節雖死猶生今葬沙湖邏迦山上已踏青人遇此皆以蘇小小比余謂小小之有西湖與月英之有沙湖運遲相對皆之為湖山生色年來建設沙湖曾就其墓而修葺之名曰金冢桃花即以為沙湖十六景之一後之遊此者知不免有人面桃花之感云

隱倫

沈韻

字四聲早孤補弟子負淡於進取遨遊吳越飽覽卯五湖匡廬之勝歸娶世氏畢隱梁湖之孤山偕妻鉏圃賣藥自給號蓑庵居士足不履市者二十年卒年五十有二工書畫尤喜為詩邑人王一寧收其遺稿付梓

白雲山人

昔靈泉寺寓有白雲山人與冢宰張鶴山契一日謂之曰此間住腳不我去君即來明日訪之道人往矣未識

隱倫　三

鶴山卒今寺壁鐫有詩云地幽人到少來訪老僧家野烟圍（龍）貝樹梵境護曇花獻佛談禪語翻經念法華隣彼巒巍處山光入望賒後署白雲山人字亦夫犧歆仙

朱盛涑

字蓼菴楚宗室竟信子竟信制行如寒素涑有父風獻逆之變盡驅楚宗入江涑浮三十里至鮑家莊有漁僧救之逃避梁子山更名謝世仁字忍生隱於醫工詩與王子雲業井叔僉著鄭雪編通丹經其子客棟字二安亦以醫名著醫宗王琴操譜譜梁湖草

蔡華園

字淮仙明楚宗藩中尉英照次子六歲就外傅即舉大學二字問師曰此何等學也師奇之十四通古今不肯就試二十好新建之學及閱程朱陸諸書尤喜著述有淮書宗元詩選暨梅湖桃溪諸集晚更為一書曰聖賢寶鑑論列聖賢發揚忠孝五十萬言崇禎癸未三月夢遊沙湖石壁見有詩云飛泉如白鶴隱見渡平林晴壁流花辯遊郎何處尋隨告親友曰時危矣避入桃溪不知所終

六十七

彖句

蔡其煐

字雨淑，明府學廩生，性恬淡，不求仕進，精於易理，尤究心濂洛關閩之學，閉戶著述，扃其門曰澹園，弟其焞邑諸生，亦潛心理學，明末隱居沙湖馬鞍山，著有大易補註，兵燹散失。

余浤

字明福，性介直，可阿爲郡諸生，後棄舉子業，隱沙湖湘東之青山，黃冠野服，躬耕自給，著周易删補，自號拙菴艾然。

字然明一字木田，性孤戇，明末補弟子員，淡於進取，詩酒自豪，居沙湖洪山，築圃蒔花，諸王孫多從之遊。懷宗癸未，城陷，挈妻子避入山，拾野蔬自給。後妻死，益自放。順治初年，復于洪山舊址結茅爲宅，種桃梅花果，自題曰萬木園。閉門畫賣花，沽酒讀書，自作春王正月辨、周易疏見，非禮事輒髮豎。晚年氣稍平，署其齋曰待盡菴。七十有三卒，蓋古之逸民也。

周家鼎

字峙鎔，明崇禎己卯舉人。癸未獻賊陷城，鼎奉父母竄伏湖濱父殁築室梅城與母偕隱自號梅城順治乙丑會試入闈迅筆疾書即交卷歸侍母因無乞結置一榜選用中書捷音至里門其母曰吾兒志不忍離膝下留温飽耳非因果然杜門不出居母喪不御酒肉者三載所著家禮議宜及易詩貞通諸解學者稱梅城先生墓在花山西湖麓

釋

曉然

又名如曉俗名李洞北海之子虔穪詩僧有詩帖行世

靈泉寺開山祖久之有省曰我將去[illegible]奇形怪狀者至吾徒也無何百岩來即授衣鉢辭去後數年里人有過天台者道遇之寓書百岩揖别里人反顧則身在雲表矣後百岩亦證道

如曉行贊

古者山林隱逸之士其姓名多不傳於世往往於山巔水湄以自成其奇若曉然者不立異不衒名不參禪不打坐去靈泉數十年不復來客有見詩僧於山陰禹穴問吏名如曉客問曰汝非曉然乎僧答曰子既知我面目

可歸與百岩古峯道三年到天台來云拂面而逝客視之飄飄然在雲霧中行云

無念

應山孟畈陳氏子九歲禮寶林寺無極爲師初不識字又往參荆州無聞和尚豁然有悟明洪武中楚昭迎至洪山還九峯勅建正覺寺賜以詩文及袈衲衣金縷盂等物永樂初圓寂年八十墓在獅子峯

天如

住修靜寺鶉衣草食言未來事明末獻賊破省前指城

東門曰此龍實也城內皆豬圈耳張唐李盛童矣每五更沿街叫呼大難到盡早為計癸未元旦忽不見六月闔城陷于難

慧恩

洪山寶通寺住持以祈雨自焚雙足留鎮山門劉湖制置使孟珙與郡統張順還其衆捧佛足元嫁祖在鄂路率師南伐至鄂還見山頂有神人立雲端詢為仙迹所寓深加敬異函佛足至京師命安置寢宇奉之既正位使送還山 錄元黃溍碑記

敬心

明末崇禎時名訓自幼爲靈泉寺僧道氣驚人懲王嘗相往來李氏之後王尊之爲師自伯冠一變有將官名馬者入昭寢打圍爲軍人藥箭所傷疑爲夜興兵燒將弁中諸僧盡遁江漢而死獨敬心尚存順治七年八十八歲圓寂建石塔於青龍嘴

寺觀

寶通寺

在洪山宋末數被兵今廟宇重建甚莊嚴離沙湖約二里許

修淨寺

在洪山右首寺址係李北海宅昔住寺僧天如成證果

李白題寺詩有我家北海句

東嶽廟

在洪山附近香火甚盛三月有天齊會

長春觀

寺觀

在東嶽廟上首賓陽門外住道人

白鶴觀

在賓陽門外里許進士吳白鶴讀書處建有孝感祠祀孟宗即樊山一名白鶴山之麓與武穆合祀額曰忠孝祠王鏊有記搜尋未得

正覺寺

在獅子峯明寺僧無念奉昭王敕建賜御製詩文甚多即李北溪四代墓基

[illegible]山寺

唐時寺内有巨蟒僧畜皆為所害一夕有三人至寺求宿張其姓翼軫奎其名也謂老僧曰吾輩能制之是夜斬蟒且毀其穴寺後石上足跡尚存教諭張紹良有記山頂有古寨遺跡山多産蘭

石壁寺

在碧雲山下寺外時有白雲封鎖

華嚴寺

在白羊山林壑深邃別有洞天

洞庭廟

在青山上臨江琴父重建後殿

念西居士林

在侍駕山琴父感於佛化常邀居士高僧講經於此

人生歲月幾何到此一心念佛
昔日英雄安在回頭萬事皆空　琴父撰聯

靈泉寺

在靈泉山之麓唐進士李洞爲長沙太守初建嶽麓書院居靈泉山以先腹夢神告之曰此大福地汝不可住住必有奇禍乃捨宅爲靈泉寺洞自名曉然又號如曉遂爲開山祖至梁改爲廣德禪寺僧無懷李寧相景望

之後高才博學宋太祖時屢試不第為僧與神宗相參帝喜拜為國師賜號廣德今白鈞仍以靈泉寺名重建

靈泉寺紀

明 沈世晶

靈泉寺開創者誰唐釋曉然也曉然俗姓李名洞長安太守創岳麓書院者老也曉然胡為乎為僧也因父爸宇文和為北海太守清廉慈愛士沐其教民感其恩且善書有名唐明皇屢款大用之無何習氣未除自以舊在外裔怏怏李林甫忌其負才使氣欲困事除之別遣羅希奭按邕與裴敦復皆杖殺之竟畢其家洞與胞兄桓遷徙寒泉後以宅為寺洞遂削髮禮佛得孟子宕張古峯二老為徒傳其衣缽遂遊天台山瑜教十年有楚人在武陵遇之問曰子非曉然乎答曰然為我語百岩古峯過三年來天台會我遂躍然而去其人見在雲霧中行去

靈泉寺記

靈泉寺者唐舍人之遺跡名李瓊寺旋主靈舍人父李太和名通

卜見

為北海太守烟樵生民被其德學士欽其才言宗歎大用之李林甫息之鶴天子語以殺之竟事其家舍人築室柃靈泉有倚然遠引之志因名其居為自在阿乾元中衣夢至人吾曰於居佛地後將示剎子爲易之舍人以語弟洞洞曰子久歎入空門盡以此為修肯地舍人使弟居之僧晚嘗曰吾但得一徒僧可以趨然脱去遂有百宅古峯二人者暮而適訪而目宵然聲響林谷洞見而興之曰子形答古捨其山林中人可首吾衆衆穿吾芒復肩頭檐清泉爐中燒赤火暇時坐吾聞聞亭好聽松風聲可以説淑於腸别自有是地再而所謂曉然者則不知所往矣寧相雲景業名殘繪曉然像於亭鎸詩句於石壁間求搞照時李定遠修葺其故字見景望所修十八雅漢皆丹青而興妙之同趨曰靈泉古寺云元賢張賓王祖後實契氏山以為藩難而四閣在山色中爲予考曉然者唐詩僧也其解悟半出於詩書讀其詩句記序學士大夫每流遠而嘆息之洪武吏部張添祐續絶句於閒間忘則曉然之著作可想矣

寂寞空山何堪久住
多情花鳥不肯放人 百巖題聯

千巖競秀曠懷遠
萬壑爭流法眼寬 如曉題聯

松鬱鬱雲漢漢龍吟虎嘯風神何限如遊七澤五陵地
山悠悠水洋洋花落鳥啼機趣無窮恍在十洲三島間 張芸英題聯

深山窈窕水流花發洩天機未許野人問渡
遠樹蒼涼雲起鶴翔含妙理惟偕騷客搜奇 李道宗題

御樂寺

在湖之東寺中有卓刀泉供關聖

慈雲寺

在八分山麓一統志唐貞觀時駱禪師飛錫至此因建道場飛錫泉當山之半久旱甚雨雨不盈涸白雲洞口

龍泉皆在其麓元郡守李貞禱雨於此見巨蟹入潭中
雷雨大作為建亭今廢

修慈雲寺記　　明　徐文質

龍塘居慈雲寺之上吐納諸流引會歛之水以趨大川
者也歲五月大雨水注洪波浩淼橋堤俱壞山僧謂予
曰此步騎通渡居士得勿有意乎又鄉者謂予曰君亦
知斯橋之所自乎昔說公悅山光鳥性落月寒潭而語
僧曰安得一瓶一笙遍跡壘刹借佳山水以作芳鄰耶
於是棣形家言修堤障水以應圃卜後果醫僊相繼東
服日隆而其里得稱必鳴珂即行人亦沾利涉之潭至
今日碑猶存也予謀於同里柯杜二君以為許可周起
土為堤甃石橋以度之而山僧月池者素抱棄門空寂
之性喜夫山環水曲岸僻潭逝其寺基[illegible]若盤谷戶外
之静松竹韻雜與流水響泉相應鳴余言以記之

法藥去

龍山之陰有法雲寺乃寺僧培生所建門外青松四遶暮鼓晨鐘不絶於耳真佛地也

彤雲閣

在邇遐山之陰普（供）閣公今住僧又供釋迦佛閣後有一洞忘其名僧人誣稱藏鹽洞

龍宮

在龍山之麓大旱鄉人皆禱雨於此

真武廟

引勝橋山下有紅廟即此

圓通寺

在靈泉寶蓋山鄭璧住宅所改即應山縣宋狀元鄭獬之苗裔也

忠文祠

在靈泉朝陽坡上宋張叔夜公之祠宋高宗建

忠文祠

天下才能之臣可以任事公忠之臣可以托國節義之臣可以共難若忠文張叔夜者大宋一社稷臣也當國家多難之秋惟公奮不顧身以捍社稷雖張浚劉錡之才能李綱宗澤之公忠世忠世傑之節義無有居其右者蓋忠文之才節在朝廷則朝廷安在邊疆則邊疆寧跡其傑逸金於后庸擁金人於潼關破宋江於梁山擒李適於海門斯其功莫出武穆下哉無如天運方終宋

室不逭而公之父子兄弟同死國難其孤忠亮節樹歟
天地同流日月爭光也太歆仰高風而見公之精爽無
在不著公之節義無一不備宋高宗所以稱為社稷臣
而睢翁所以許為第一人也

鄉賢祠

在靈泉祠基土名朱楊庄自漢始

鄉賢祠序

明楊[illegible]李

古來有功德於民者國史書之廟祀享之用以誌不杇
也他若學問足以師世道德足以維風者皆載以祀典
而不廢靈泉之有鄉賢祠也自漢唐始今其祠棟折瓦
能美鄉先生曾公張公覯斯祠之杇蠹爰命工師採取
良材煥廟而飭修之工竣聚一鄉之父老子弟以落其
成且告之曰某其國之名臣也某其邑之名儒也迨某其
里之仁人孝子某其鄰之列女節婦也皆國史所不毀
載廟祀所不及享者吾與里中諸君子同祀皆前人澤
蜀揚請之徽意以為吾鄉勵頑磨鈍之善術吾亦由古

之道耳寧於鄉賢有溢美矣家皆舉酒以為二公觴公謝之嗟乎時至今日人社風微而猶古道於一鄉則庶義古人之未泯也詩有云風簷展書讀古道照顏色其斯之謂與諸公靈余敘以紀之同人朱鑑沈詩言於旁以此吾鄉之節義文章也真可以為天下後世風焉

鄉賢祠畫

明 董 禮

古者朝廷以舉賢之謂徵郡國薦賢之謂辟無以舉之莫或薦也無以薦之莫我舉也明與聖天子崇儒重道求賢若渴於洪武五年壬子道御史大夫降詔於廷曰朕聞賢者治天下之本也才者安天下之具也念世經亂離賢才伏處山顯水渭之區多隱逸焉朕根不發知也昔年稟茂才薦江夏賢士三人曰事東曰曾太曰張誠高斷靈衆恥食元祿志節可高朕書於悼閱經懋春秋數載想其人皆皓肯焉汝御史張育載學幣以聘務令安車就道來遊於廷如果才埔重任社援着生之福也朕得盧左以待由是觀之聖天子求賢如此之殷也賢士抱負如此其偉也天下文明其道光也由是欲書於庭以對揚我天子休焉

鄉賢文

明張郁

自古名山望谷未有不以人傳者試觀今之城中若五臺九華匡盧伏牛南嶽西峨歷千百餘年屢經兵火之厄既毀而復興者貴推侍佛說動人亦山之靈秀其有闕於氣運居多者吾江邑諸山如鳳凰之鍾恭武猛高觀之鍾北海踌金溪之育當世謁勤名道德卓冤古今者皆嶽濟之靈山川之秀也江夏一山漢名央山唐天寶中史名靈泉群峯環列如萬馬奔鷹中有一泉澄清碧湛畢禱輒懸外有蒼松數千株枝幹扶跡辯然遠映唐高僧百岩棲隱於此至宋滴熙李定遠始闡道場作廟於其中張賓王復恢其舊址既是以幾義三十六之勝而蛟龍集又於焉臨醮甘霖故循良之吏非此無以覽名勝懶遠之豪非此無以舒出抱而席珍勵敘之士其修藏息遊多蝦是為登桃之所焉自元以果若沈公如鑄張公孝康其宏詞博學錢然有金石聲章沐國朝雜化人文蘇起同時而生應運而鍾赤方伯杜宗晦給事李時亮太常鄒彥魁副使楊繼本冢寧張添祐尚書曾太按察沈鍾以及王庾董禮鄭璧樊鏞名宦豪翰先

寺觀

後相望莫不為士為民來歌來遊於此而科甲之盛今皆赫赫然可以指數至於登高作賦撫景寓言其有關於民風士習者又已說盡於君儒矣都不敍詞忝董拙何能傳乎盛蹟筆非太史豈克藏之名山竊附其說以俟觀風者採擇焉

東山書院

在洪山黃鵠磯上相傳東方朔讀書處今廢

孝感祠

在大東門外白鶴山御史王恩以岳王與孟宗合祀改名忠孝祠今岳王別建廟孝感祠仍舊

楚府宗祠

在靈泉山昭寢側

忠烈廟

祀岳武穆在縣東五里旌忠坊乾道六年建廟牆壁上

書精忠報國四字康熙三十三年岳宏譽乃王二十四

世孫提學湖廣勒碑記於廟

村集

豹子澥

在湖之東北西徑里豹澥橋頭有石形如豹子遂名石今移寳橋寺前其地多鮑姓疑即鮑字之訛

馮子澥

在夾山里以馮司徒式居此得名

孟橋

在湖之東相傳孟司徒所建即孟橋舖

靈泉古市

古市始於漢迄唐宋盛時市在山外相傳宋張芸叟鋤地得金鉅萬台高集至數百戶元則蔚然大鎮後燬於紅巾明初復聚闤闠閈閎煙雲滃鬱張沈鄒杜樊曾董李罡稱八達者為最今其地即楚藩九寢

靈泉古市記　樊鐘

靈泉古市四圍皆山蒼松古柏行雲流水四時有長夏之景余未寫其勝概焉自漢以遠人物尚稀至唐而漸盛至元而極盛康時古市在山外居聚致貨民往往利之來時還市於內約有教百戶至元時則蔚然一都會矣未幾為徐壽輝劉福通二賊所浣一片荒墟在望八物供盡矣國朝洪武初張沈鄒李復起為集五十餘年比來元更有加焉今上徵市之法感不過三民力究然有餘而絕口不言貨大抵秉禮義者多而爭訟者少歲時伏臘具酒漿讀律法成遵約束是以處華而不奢入

紛而不亂而一二漁艇之風和樂之氣浸於人心達於閭巷猶有先王之遺民焉故可嘉而可美可述而可誌也

梁子集

在梁子湖

油坊嶺

在沙湖阜刀泉寨

紙坊

在沙湖東

父子嶺

在沙湖東漢樊瑛父子墓在焉樊噲之孫

二妃嶺
在沙湖東有二妃寢
沙子嶺
在沙湖之東
五里界
在湖之東南
曾家巷
在沙湖之東
永豐里
村集

在沙湖之東與咸寧界毗連

夾山里

在沙湖之東北即靈泉山後

茶樓鎮

在沙湖之棋潭

歌笛村

在湖山第一

長山鋪

在湖之東馬鞍山下

左氏居

在修賢里

左氏居　明　王圯

江夏人物三代之世喻良喻史為伯尚上卿修三皇五帝之紀其傑出者乎至商而有官禮衙衛推算陰陽禮樂八索九卯三墳五典之書無不讀矣成周之代左仲采策為武王太史通兩儀達三才洵不可幾矣下至梁隋陵東路臺有若左天垣字光斗者習左氏春秋旌翻其間於仁壽朝拜右相謝政而歸力挽楚風學者師事焉湖山自樂終老於修賢中云云

山陽居

在馮家灘

山陽居　明　王圯

地不僻不足以避喧山不靜不足以消閒圯守先人遺

宅去名馮家澥柱松柏以逵户插绿柳以横堤北山南湖卿適野趣喜其無車塵之跡再余築室初成鄭先生子璧過訪余留坐於軒取寶爐焚異香閒談古今先生曰子之居馮當世之故居也子之爐李道宗之遺器也余曰然步生吟詩於庭曰豐泉山下南陽居盈盈一水玩月池昔日龍來馮氏卧今年燕白王家飛因名其地為山陽居謂余居山之陽也

黄公鄉

今之太平里漢關羽宋岳飛皆屯兵於此即五谷城

黄公鄉誌

明　張璞

西南九十里有地名黄公鄉是黄公者吾不知其何時人亦不辨其名字而後僅以鄉傳也亦可慨然璞居京師十餘年讀漢室名臣傳見黄瓊傳自叙年譜並其里居而黄公之居在江夏五谷嶺也又考漢唐古誌瓊墓在青石邑瓊祖墓在黄陂山之東南今考其地止有五谷

城無所謂者矣或曰漢關羽屯兵於此或曰宋岳飛駐兵於此亦無容深辯矣然觀其寨門城壘如五花陣圖噫曾是仕宦也而有此居耶余至青石店見過衢往來無所謂邑也想野刻爲邑殆字之訛耶及訪黄公墓其農夫野人無一知者彼之人其就從而見之耶徐行乎仙人山躡幽過一老叟坐一獨石人後山仙龐眉皓首聞其年九十餘矣予詢之老叟曰今之五谷城即黄公城也今之蔡氏莊即黄公墓也語畢脩然一揖而去

沈子瀞

在夾山里乾道出人才李沈後人以其名稱

出產

武昌魚

梁子湖所產各種魚蝦甚多惟樊口鳊魚其味尤美俗稱武昌魚者即此

鯽魚

沙湖鯽魚其肉嫩肥川湯與西湖宋嫂魚同美

洪山菜薹

菜薹俗名油菜苔寶通寺相近最佳清相國李鴻章帶回安徽種之則味變嗣將洪山土泥搬回仍不得法

藕

沙湖所種之藕味甜而嫩比蘇州之塘藕相類

白蓮藕粉

他處皆以菱冲亦提不干净今沙湖藕粉直正潔净以

湖水調之色味尤清

黄米粘

沙湖岑墩嘴附近所産晚米俗呼黄米粘味濃多香潤

風俗

正月十五日靈泉遊寢會鄉里男女皆至昭王九寢按香代紙以銅錢向寢前碑石上磨光懸掛兒童身邊俗謂驅邪避害

二月十九日六月十九日九月十九日觀世音誕期善男信女皆至靈泉寺正覺寺寶通寺朝山燒香

清明日踏青婦女皆遊湖至還逆山金月英墓燒香祭掃加土為餘

三月二十一日建設沙湖之第一日故以是日為紀念會

以誌盛感

三月二十八日東嶽廟爲天齊會遠近居民先期演劇屆時十曹燃燭鐃鈸齊鳴聲不絕市中百戲畢陳觀聽驚集俗稱三月二十八家家户户喫甘蔗習慣相傳如此

端午鄉人以蒲艾插門飲雄黄酒食角黍又擬用彩閣以代龍舟亦示弔屈之意

五月十三日御泉寺有阜刀泉爲單刀會俗呼是日雨爲磨刀雨天晴則蘇熟蓋謂不雨則磨以油也

七夕鄉人多食菱俗曰鬬巧訛乞爲吃也

八月十五日爲遊湖節市人士都至沙湖泛舟玩月達旦而返

九月九日沙湖之龍山上相傳孟嘉落帽於此故後人於是日登山作重陽登高會

雜俎

寶峯義里誌

何焮

楚地多名山大川而間氣所聚恒鍾爲異人靈泉一山巳見昔年衣冠人物之盛矣而今也名賢不再風流歇絶焮也僻居湖山抱琴書以自娱恨良友之無多抑又自悲矣豐山鄒子曾（楚府儀賓）李子仲文張子廷學（俱邑庠生）皆博學能文該名家子也余叅莫逆連燈於寶峯寺數年時春月明星輝忽見野燐如炬化爲白虹冷然寒氣之逼人也予疑其爲光怪也而說之鄒子曰此王將軍飛身之處（靈泉王道宗飛金身）

於此唐人修祠以祀之余益疑焉鄒子曰生而為英死而為
神又何疑焉閑乾道初才人李沉構書齋於祠左啟南牕
心舒嘯閑東戶以吞湖故今傳為沈子海云五代李氏於
兵王氏子孫掘井得石碑上鐫寶峯山寺齋宋李公宗丞
年十二舉神童為中書舍人大建廟宇題為寶峯寺因其
舊也元相沈如筠置義田四十担於寺中以恥寒士明洪
武初指揮使李賢屯穀數千担於潛公嘴以給旱潦此吾
鄉之仁人義士堪傳不朽也予聞其事而壯之非誌寺誌
義

寶善録

聶文浩

天下之表表人群者非有顯名奇節之行不足以傳於後世江夏自漢唐而下以才學名世者黃瓊黃琬之名於漢孟嘉孟洪之名於晉李善李邕之名於唐馮式馮京之名於宋皆楚之良也而勳猷爛然者如王道宗張寶相之收功異域威震強胡同炳為史冊之光焉若神奇不凡之士則宋之李孟宗明之張添祐不可等倫視也然猶曰才耳又若出於天性不可學而能得則千古一宗孟千古一苦香也我朝之忠烈最優者若張公璞（字中美）之死於逆瑾（太監）

瞿舟權賀逢聖之死於逆賊張獻忠破郡溺漢陽湖死熊廷弼之死於明黨、辜相葉向高沈一貫百餘覺排擠殺之吳中裕石壘之死於杖下奉魏忠賢杖死其死不一也而忠義不變之心則一也皆忠臣時人號四賢江夏學宫有四賢祠皆善也皆足誌也吾故表而出之以爲寶善者取焉

靈泉山水樂 夢禮

人生適意之境不過詩書而詩書得意之境無如山水蓋詩書之樂樂以心而山水之樂亦樂於天二者一致靡可遺也由斯以論設必有山水而始足以發詩書之奇蘊有詩書而始足以窮山水之奇情此古聖賢諒有同情非僅

文人學士所獨好也今覽靈泉勝概有峯有巒有泉有流有松有柏有樹有竹有烟有雲有鶴有鶯有鹿有虎有桂有蘭有花有卉有溪有魚有軒有亭有樓有閣有市有店有茶有酒無一不備大约不外山水而增其美也余喜讀書尤好踏山更好臨水與二三良友或春遊芳草而花發鳥啼夏賞綠池而魚梭荷衣或秋飲黃花而月影潭空冬吟白雪而瓊樓玉宇覺四時之景無人不與人同也而余之所取者獨取夫松景雪景風景雨景烟景霧景霞景雲景清景朝景爽景晚景閒嘗評論之雪景之奇奇在松而

雜集　八十七

不在雪雨景之奇奇在風而不在雨霧景之奇奇在烟而不在霧雲景之奇奇在霞而不在雲朝景之奇奇在清而不在朝晚景之奇奇在爽而不在晚噫宇宙變變化化之道盡在目前造物活活潑潑之機洩於山水吾願與一二達士名流共領取之故作山水景之圖以餉吾同志焉

靈泉四寶　張弘

靈泉書齋一怪石得諸山海關外高三尺餘奇洞千竅對月光照之有千小月覺宇宙幽邃尋玩不盡一奇寶也一小石硯方圓四寸厚一寸外邊有魚痕紋浪色青赤春夏

磨墨徽襍烟雲池上刻芸窓伴業四小楷字如鵝眼錢注水生綠旁鐫狀元張棟一至寶也洪武初紫薹園得古銅鼎三十六斤珠光霞彩爍爛奪目燒香其中浮雲如蓋盤卷無巳腹刻江夏王李道宗製至今猶以享祀又一至寶也齋藏古書二十擔紙潔字爽讀之必净手焚香學山學海如在案前不必遨遊四海而天下奇觀巳盡於是此更為無價寶有此四寶餘無足寶

靈泉山内八名家録　　李盛

靈泉山自漢燕山樊建扦其文武陽侯樊噲於天馬峯下

今屬江夏其由來舊矣而唐李北海之子李曄卜居白雲
阿中代產賢人世膺公卿其發祥遠矣太宗朝李公諱道宗
者爲唐名將又封王於此後世子孫杜滄依外家爲姓遂
以肇方伯之迹焉元賢雪太章皋僻處岩谷貧居著書之
二子者以布衣而作尚書以秀才而爲侍郎亦奇遇矣隱
相浣如錡元朝名士神童鄒智巴蜀才子其苗裔皆著跡
於斯焉明處士張誠宋忠文公張叔夜之後也五子百孫
一作盛朝元老一作開國元勳建功而垂竹帛其聲施至
今弗息由余觀之要皆靈泉之傑士江夏之偉人也因歷

歷紀之以樂觀其盛云

靈泉八家記

樊時中

吾靈泉里居有數可羨一湖山景色可羨一人物儀容可羨一風俗教化可羨一八家子弟誦讀不息可羨一四十九户禮讓不衰可羨一文士名流往來不斷可羨一鄉紳先生尊親不替可羨一琴棋書畫詩詞歌賦之學無一不習可羨一亭池樓閣竹樹雲烟之類無一不雅可羨此學士大夫好奇遊覽者往往流連盤桓於此云

靈泉宅第記

張廷鳳

雜組

外環石垣前有月沼蓮池臺閣樓榭甚壯麗北有棠蔭園南有瑞芝堂左秋風右春露遶山四圍皆古柏蒼松行雲流水無不有焉明初公家同居其地丁男數百户極一時之盛後被楚靖端兩藩所毀奪遂失其地

靈泉八大縉紳序　沈寶之

葢嘗讀書至太史公曰古者富貴而名磨滅者可勝數惟倜儻非常之人稱焉誠哉是言予靈泉山自漢而晉而宋而齊而梁以及唐宋元明鵬搏鳳翥雲蒸霞蔚惟樊李張沈鄒曾董杜爲尤盛人文奮起科第綿連約舉一二餘皆

可見哉其時杜有方伯宗曉沈有隱相如鶚操衣天祜稱張氏才子翰林智生號鄒家神童曾子太以處士而徽尚書董子禮由進士而為通政居給事中者有李時亮陞巡江道者惟樊時中人盡垂紳搢笏堪作元朝砥柱家皆敦詩說禮永傳臺閣聲名猗歟休哉何其隆也而不虞賢才方盛大盜旋起明楚藩昭莊憲康安靖端懿橫行肆虐於八家毀其牌坊掘其坟坑奪其宅第視其流亡則蜂蠆荼毒之餘猶所謂女炰烋中國斂怨以為德者是耶非不信然耶沈子曰嗚呼自古名公巨卿忠臣孝子烈女節婦衆

矣未有盛如此者如此而猶不能免其他則文何説悲世路之嶮巇橘踰淮而化枳自是而八家弟子南轅北轍迺未免於後消矣然而石傳曰公侯之子孫必復其始此文何稱焉吾故於同人有厚望云是以序於凌雲堂之南軒

靈泉人物紀　董禮

靈泉山水之奇代生偉人漢自樊噲卜葬岩阿而南陽處士樊英避亂隱居倚祖而廬其志行有足稱者唐有張懫李沉李道宗宋有李孟宗元有李慈溪張賓王沈如筠明有李元善張添祐皆少年才雋雄文大筆馳騁古今而風流

餘韻遐想見之此得非山水奇乎

靈泉品題　潘縉

江夏人文之祖首推曾太德行之優無如張誠才子之秀共遜天祐而李選郎其亞也忠學之遺尤有鄒洸而董杜又其選也余閱靈泉諸君子皆博學弘才冠絕一世章文意氣蔚然一鄉其時敦古好修之士競尚廉恥俗恬民熙宛然太古不徒藻繡風流已也

㕘山品題　前人

匹夫而化鄉人吾聞其語矣況名御乎吾鄉儒者恥其不

為君子吾鄉農夫恥其或為小人百餘年來士不侈口以談文氏不輕身以試法良由朝廷有流風善政草野有故家遺俗也士習民風安得而不古若也

靈泉八達名宦

樊鑑時中　鐍　張天祐鍾靈　必貴　李時亮友文　元善　曾泰敬　守如　沈貴鍾

杜一敬一山　宗晦弦　鄒秀群邦奇　繼魯　董禮　陶谷珍

其餘鄭璧潘縉曾闓王庚楊繼本湯弘以及程陳瘏黃諸家皆新附故未盡錄

靈泉穴地總記　沈寶之

莊子曰凡人心險於山川禍兮福所倚福兮禍所伏又曰

聖人生而大盜起予靈象內山八戶外山四十九戶由第
祖塋俱得山水之勝一旦被明楚藩洪武三年封第六子楨為楚王昭莊
王孟烷憲季堄康季埱安季㙊靖均鈋端榮㳚愍顯榕嘉靖二十四年為子英燿爭幸童所弒
所毀豫作吉兆隨為寢園故靈泉北山武陽樊侯令昭寢
侯墓遷東邊昭寢中堂東下即元觀文殿相國沈如筠墓
令平張府祖塋據唐江夏王李道宗寢遷令憲寢是宋張
芸叟墓存明張中美墓據稍遷東張公添祐與夫人沈氏
如口女如筠合葬墓在昭寢之西公靈顯應不能據碑石臺所壓
昭寢穴白石拜台即沈氏並郭太常墓俱據張公輅墓在
張府大堂口之石

天馬之西石隅堅硬楚藩喚石匠王成鑿洗亘日關[illegible]袍帶依然稍移於南山今嶺她寢是也再觀南山唐宰相李鄘之葬義堂平明户部曹太夫人李氏墓掘董公章林墓存內有樊張郝沈四鄉紳墓掘今請寢西內唐李泌李蔚墓俱存明張公誠在東偏欲掘天大雷止今莊寢附之東觀唐李四墓善邕暄鄘俱葬九峯獅子山後楚藩奪地為九峯寺遂遷葬於九峯前盤龍山嗚呼只顧一時奸邪之私謀而愍不畏死那知千秋士民之清議而毫不可進以彼位意侵奪進志毀滅此古所謂小人而無忌憚之尤者也

地理閒評

沈世昌

江夏名地盡於九峯之獅子山唐李邕李暄諸墓在其上儼然天地居尊之象也楚藩乎之以為寺移其冢於盤龍山李氏因以衰也黄柏山下俗傳有漢黄琬之墓（彭戒）觀靈泉端懸傷之故宗大族後衍衰矣張公之駱駝卸寶自天與非人為也（張誠墓欸聲雷鳴乃止）羅山之灣俗謂七星朝斗（山以）靈泉余先人所以蔽風雨也（沈如望墓）沈宗武埋玉於此（骨謂之玉）誤矣前去為趙地即晉陶侃之連珠宿草也其南山向則唐相李景讓之落雁投湖也（今胡宅後）龍塘山間（龍塘）求張元

雜俎

乙十三

載之綿鯉化龍蹲之在前忽烏在後有龍變化喜雀林中明亭
元善之碧梧棲鳳如在其左如在其右穴定難徑進中幹分
枝如孟宗之漁翁晒網漢孟宗有石城杜塗之仙人捧桃二墓徑進繼
水鎖南塘而真寧無靈縱有石榔佳城亦徒然耳再察西
南之形勢柴湖亦稱大觀矣趙松雪空有玉棱之虛名況
宗文竟無金釵之實跡而張百谷之蘆花飛絮在烏剎寺野雞啼
儘有可觀者矣畧書所見以為考古者之一證云

佔永豐山

永豐山下明處士張添祿五經博士張郁之墓在烏楚端

之張沈祚七世孫彬至楚懸藩占沈祖山沈力抗官尉王惡之
未幾官尉二貫病殁於熊姓家尚祖居者坦郎是王誘之以利歡
祭禍於沈熊翁曰吾豈不顧子孫耶王陷熊翁於獄沈亦
八旬目識千行力邁千斤王誣沈為亂沈赴京上書以白
其冤上懸之遣歸至留勇士數百人圍沈宅欲擒殺之沈
有友先知之以告沈沈携子孫童僕跨馬夜行二十里至
官步橋雞初鳴有李生者沈故鄉人也避楚藩害居此遂
留沈飲且歌詩以贈之曰一壺酒送老行仙醉染春風楊
柳烟沈賦曰八十老叟乘馬去不知後會在何年後人遂

為李生送行歌

撥換靈泉山事實

靈泉山古稱名地漢宋唐元八姓同居暨明正统十二年丁卯内有鄒姓換地於楚王朱季埱王康衆姓未換成化年請王朱化豹託武邑族人張鐘靈代換衆亦弗許王深恨之竟親臨面換張長空等先聲抗論聲喧林谷王怒自擊其首血本上奏誣為謀殺衆姓俱走科道官上奏楚藩怙情欺君未可深信事張李二姓挺立不移至弘治間端藩榮誠又易換二姓終弗許王遂違年疊害至正德十三年畫

奪其地二姓移居屢次叩閽彼此勝負未定至愍藩顯榕愈
肆惡欲欺制案求勝書謀二姓第齋惟世宗肅皇帝厚熜以
安陸王代武宗繼帝位嘉靖深知楚藩播惡情弊杖死宗室
三人仍復八姓守土祀奉先人之墳墓真仁主聖主有道
天子也
正統將鄧元亮林森換居宅於靖王福始於此後沈天貴元爵又換地於端王王喜之賜以異姓惟張李不換
奉旨撥換靈泉山公業
楚府自弘治二年八月疏為破臨場首罪同叔君事是蹤
以血掌塗於上連用三痕皇上震怒即遣三法司賜上方

斂一口並湖廣巡撫協圍張李二宅抄家執兇魁赴京待
問御史孫公秉直諫台楊公世英力言其誣始下廷議宜
以三法司往勘可也及三法司回覆止以山場擬換官產
並無破滿僞首之事上怒稍平楚府九月復疏爲宦豪謀
王故殺非誣事疏中語侵部堂上疑部堂有私忽出內旨
如敕故殺情真即着羽林軍三千星夜赴靈泉山嚴拿張
李二姓全族至京分處有偵信報來靈泉紳衿士庶逃走
一空時給事中公以讚俞公舉國柱公以正等特奏楚府
怙恩欺君未可深信不如且止羽林軍免驚駭百姓陛下

一行偶失萬世共議伏乞欽差行查適鄂於渚天子内侍以他
事往湖廣回京復命上問曰江夏鄉與楚王爭構是非何
如鄂對曰此陛下家事臣不敢言上曰但說何妨鄂對曰
臣老年邁未知顛末有董正乾悉得其詳上喚董訊之董
正乾曰臣到江夏聞江夏父老百姓皆言楚王毀了張天
官忠節牌坊拆了宋高宗忠臣廟宇又說強掘張家塚山
及毀民房千餘間餘不與知時人曰當時若無董正乾家家戶戶難過年上曰
張李故殺楚王事係知否乾對故殺是假油賴是真上聞
言默然不語已知其誣矣次日遂有旨如果故殺是假油

集 且

卷十六

頼是真着三法司諭湖廣巡撫地方官姑免究提此弘治年間事遂寢其案楚府使人在京偵探每有斡旋王必知之正德時生風波楚府疏稱二姓盤踞京師内外雜職四十八虎尾大難掉多方布羅遮蔽聖聰事上將張通李典等官發刑部勘問明白處分停當來奏毋得狗情蔽護有干法紀正德末年事上晏駕未結案嘉靖年間楚府又翻案上允奏掌堂陳嘉言與科道官合審勘得正統年間以玉庄三百石撥换張李二宅墳山佳基二姓不願得三百石之産而失祖宗之墳以致搆怨數十年楚府今年上本

明年上疏乞免借事生風也張李今年叩閽明知[illegible]
肯顧子失母也數十年負冤如山先帝並未剖決朝臣不
敢言公共上四十二本今蒙聖諭勘問明白處分停當具奏臣敢
不先公矢慎以自干犯紀法耶昨閱湖廣布政咨文云楚
怡王莊王已葬靈泉山三分有其二張李二姓雖欲不與
得不與哉由臣等處分以原日撥換為據其餘八姓之墳
仍許祭掃朝廷教人報本追遠之德莫厚於此至於張忠
文君坊廟宇出於采高勅賜當修之以為天下後世之為
忠臣者勸李宰相蔡藂塋出於唐肅宗勅賜當存之以為

集 且 乙十二

天下後世之為孝子者勸即此兩處斷遣二姓依然子孫居住奉祀楚藩亦不得獨擅絕人宗祀庶幾乎楚之先王安心於寢處伊之祖宗亦不得甘委諸草莽則君君臣臣兩得其道生生死死兩無所憾矣㬧公條晰上奏上嘉請曰說得有理准有旨着徐有貞閭丘德往湖廣走一遭取兩姓手册及楚藩遵依來繳以原議為據可也

劾楚藩本　禮部高桂

奏為不遵王制越占官產竊國號以亂法誣聖旨以壞名事楚藩臣朱季𡸁憲王位居一國之尊綱常名教所由繫序

王人之上法制禁令所當先未有竊號改年矯旨樹碑如
湖廣江夏所屬地名靈泉山昭陵一碑為可駭也臣稽昭
藩封楚為高宗叔嗣楚邦之賢主也生有德於臣民沒有
利於社稷其傳世而遺後者宜孝之克遵而弗違率由而
弗替者也乃不遵王制越占寢塋如至正學士沈如筠洪
武史部尚書曾太永樂布政杜宗略洪武史部天官張添
祐成化太常寺卿郭彥魁等臣祖塋居基以為陵寢既為
陵寢又立豐碑忽題其上曰正統十二年三月某日立又
稱大學士李賢具疏奉旨請題臣竊以為過矣夫王之德

業 與

乞十八

果當褒耶則輿人歌之太史採之而後褒之不為誅夫王之德果足錄耶則庶人言之國史書之而後錄之不為私陵思藩臣即不請旨而竟自立碑世孰得而非之也即用李年而不須敘年人烏得而議之也不假樞臣李賢而仕人撰文世又誰得而訾之也惟其並未請旨而誣為請旨則矯旨之罪誰任其咎今非正統而詭題正統則攺統之罪誰執其咎疏非出於李賢之手而誣之曰李賢李賢實非正統時人而矯之曰正統將以竊號之罪誣李賢耶抑以矯旨之罪誣李賢耶矧今大學士李賢日侍皇上之側

事非已往人非已過皇上召賢而問之然耶非耶由臣言之帝王國號萬世証信何容妄改府縣小吏追改年月倒提日時罪所不逭知今年山西太原知縣貴州樂平知縣皇上猶云可惱宜正重典科道官原情不允況儼然位一國之尊序王人之上者乎臣以國譜計之自正統自景泰自天順而成化則五十二年矣自弘治而正德則三十四年矣自嘉靖而隆慶則五十一年矣共計歷數之傳一百三十七年李賢生於成化而非上生於正統句論賢此時未生即生矣賢亦無此一百三十七年之高壽今皇上御

禎 卅

宇又一年矣萬曆九年臣總藩臣之意我既奪宦產又恐人心不甘其侮奪不如矯旨立碑一為請旨以壓服之一為久遠以朦混之似此欺君矯旨可以不論即矯旨不止一楚藩矣似此罔上改年可以不究則前日改年者亦不宜處兩府縣矣臣謹將楚藩朱李琥所刻碑文墨印一張封緘進呈臣言切直冒干聖聽臣不勝戰兢之至

旨上批削藩一千名免究

標正統大學士李昊非李賢弘治學士李賢非大學士

覆楚靖王化鈞旨

蓋聞仁孝者治天下之大本也愛養者培國脉之源流也

九十九

自高皇帝御宇以來親賢禮士仁民愛物無不沐浴其恩膏歌詠其德澤即遐方異域均蒙其樂利而況中國之臣民乎粵自洪武三年庚戌四月昭王分封於楚太祖親命之曰汝入楚惠愛黎民馭人以禮又諭之曰百姓山川土地不可分毫侵越有負朕意此天語煌煌炳若日星忠學開國昭垂後世也茲乃有術士傳仙子無賴小人謬託堪輿妄指臣家史部侍宅為大地竊靈泉一山鄉曲不毛外山四十八戶內山八戶家元舊市亦已殘破殆盡矣蕪以煙火雜畜牛羊馳逐無甚奇觀不謂殿下之過信匪蒙

天使喚臣議换其地許以三百畝易之臣至靈泉遍閲西北九山臣族及鄧沈樊四家之先靈在焉其東南諸山杜董李各有祖塋存焉臣思田地屋宇可以抵换断無肯恝然棄高曾祖考之骨骸而覓抵换者臣知殿下存仁愛之心必不為也說者又謂遷冢改葬一議臣楼遷塚非係改葬非經府縣下鄉率鄉保士庶共查此山内外約計三百餘塚若並應悉數而遷改之必害及子孫禍及枯骨為人祖者不得依故土而寢為人後者不獲蒙故業而安臣知殿下廣至孝之心必不忍也念太祖列聖弘開丕基積德

昌後誠恐一念偶失有傷天下人民殿下以聖丕神孫上體太祖列聖仁孝之心下裕子孫黎民愛養之念將見以莫大之弘恩而綿宗祖無疆之福矣豈區區一靈泉而已哉即回牛眠卜吉世或有之豈知帝王之興率由天命非關地理昔周氏八百止聞積德累仁而成卜世卜年之永未聞岐山鎬京有甚風水之說此是證也況三湘七澤豈無可取義必靈泉而始稱名 以哉伏祈殿下御體俎訓俯全庶祀以生死啣恩奕世頂戴於無窮也臣不勝待命之至

上楚端王書　　張通

集俎　　一百〇一

古者天子建國諸侯立家公卿大夫以至士庶各守其業以祀其先此王者至公無私之心也自元失政本朝受命招集流亡兵燹之後繼之以安插安插之後繼之以教化惟恐民之不安者太祖高皇帝也即位以來愛養臣庶存恤故家養之以仁惠文之以禮樂先朝之名賢不殄禋祀太祖高皇帝也其時天子和德於上百官和德於下陰陽調風雨時卿雲現五谷登六畜蕃嘉禾興草木生山不重川不竭凡厥庶民無不安土樂業俗有謳歌之聲民無哀痛之音也夫何傳世未及百年裂土分封非不足也邇來

無故而奪民居無故而遷民塚目竊爲王不取也夫高皇帝去今未遠也祖宗傳天下以忠學子孫宜守天下以仁義茲者殿下驅逐百姓侵奪縉紳以占其業產而爭風水惟恐民之獲安致人人蓄怨家家積怨由不能守本朝之家法也先王之制君有定城民有定土不相侵也祭有定分葬有定期不踰禮也今歷昭莊憲康凡四世矣並不營葬今年卜地明年卜地鑿山崗斷龍脈未嘗萬世而王寧者其悖理不亦甚乎且葬之爲言安也卜之爲言吉也取士庶之宅而爲陵寢不惟天理不順即前王有知安乎其

不安孰甚焉取他人之堂構而作佳城不惟人心不服即前王有靈利乎其不利孰甚焉王之意期貽祖宗以安而先貽祖宗以不安要王思之乎王欲貽子孫以利而先貽子孫以不利王思之乎王苟修德以行仁祈天以永命福將自至何患無地夫王有祖宗士庶亦有祖宗地可易也起祖宗而易之可乎宅可易也毀先靈而易之可乎且王雖尊貴亦猶然孝子慈孫也孝子慈孫愛其己之祖宗亦必愛及他人之祖宗既知自愛其祖宗而教他人自戕其祖宗自暴其尸骸以奉王之祖宗此極愚下愚所不忍為而

請譬子孫為之乎即如豹獺獸也尚知報本若頤然人類曾鳥獸之不如乎王胡不諒之乎聞王者以信義服天下不以威力屈天下以恭儉先天下不以僭奪凌天下王之行有八失焉前者靈泉止營昭寢而今則並占數區一失也前者八家甘讓祖塋而今則並占住宅二失也前者許留石坊以表節義今則並拆為俑道三失也前者鄉尚存祠堂今者並奪其榛栗四失也前者庄業許還張李今則侵及田產五失也前者許住山外落業今則逐去他方六失也前者唐宋建有古寺許存今則禍及僧家七失也

前者留鎮市許留貿易今則片瓦不存八失也王犯此八
失其何以君國何以子民王猶曰今日是朱家之土噫王
幾誤矣王者撫有家國有人有土若與民爭地是細人之
行非人君之度王何以見之不廣乎猶之唐人說李天下
宋人說趙天下元人說胡天下一切鄙語有傷造化豈知
天下屢易民不改舊乎孟子有言行一不義殺一不辜而
得天下皆不爲王寧不聞之乎試問立朝皇帝親王宗室
有奪人祖塋而作陵寢者乎無有也靈泉八家自漢至唐
自宋至元或出功臣苗裔或出先賢後昆祖孫父子數世

相沿帝不一帝王不一王未聞绝與血食斬其世澤而傷
心慘目如今日者也昔者湯有解網之仁文有枯骨之恩
暨於武王封比干之墓式商容之閭當世稱之後世傳之
而闖賊猶慕義無窮焉臣為王計不如别選勝地以葬諸
王邊必塵葉以還士庶豈不心安意順使人人頌德而福
莫大焉如王必欲得此而后甘心則救之唯命生之亦唯
命王不畏天而措民目不貴家以狥國冒死瀆呈惟王圖之

沈世昌

揭楚愍王

為逆甚摧殘天道不可罔王者法祖以基福順天以愛

陳頤

一〇〇

民好民所好惡民所惡是謂民之父母維彼楚藩明膺禄位派衍天潢不愆不忘頻承以保國脉祇憑作威作福以害生靈思藩氏有社稷猶吾之有土地也藩之有廟廊猶吾之有居室也藩之有山川猶吾之有陂澤也藩之有陵寢猶吾之有墳墓也藩之有前王猶吾之有先人也藩之有胤嗣猶吾之有子孫也藩之有宫嬪猶吾之有妻妾也相較而論其分雖殊其情大抵不甚相遠也靈泉内山八户外山四十九户人丁不下千餘生養休息不知幾帝幾王以至今日廢興存亡不知幾世幾年以至此時凡此基

衲書

一百四

址祖宗遺之子孫守之昌等雖蒙聖朝雨露而實則前人之遺慕也漢自武陽侯受封千百餘年樊氏子孫不絶如縷唐自李邕分支累世公卿王道宗為将名標史冊迄今未艾采自張舜氏避亂止居於此忠孝節義載之祀典國朝曾泰被太祖徵辟擢為尚書他若鄒沈以及董杜亦先朝故家多歷年所山川依然人物如故並奪於譙氏之手譙王之世也昔楚元王之子欲為父卜葬靈泉見樊氏宅墓而吁嗟不忍葬元威順王亦欲葬於此見張忠文故祠而罷葬是二王者皆藩封之君而猶然懷仁孝之心識禮

義二字今殿下親中夏文明之教昧太祖忠學之訓奪人之地無骸不暴至不仁也毀人之巢無枝可棲至不義也覆人之祀無主可依太無禮也絶人之嗣無計可逃大不智也名爲换地實行誆騙大不信也凡我大夫士庶挈其妻子號泣痛恨於道路離其家室怨氣充滿於天地噫是誠何心哉昔者秦政握人之塚而人亦握其塚楚平暴人之尸而人亦鞭其尸前車後監不在遠也使天道無知則亦已矣如其有知必不能逃於天誅之日也謹揭

八家住基爲靖王奪塋九處環江夏風水者傅生而非楚藩也傾靈泉世家者楚靖而非楚昭也所以靖塋闕

而絶明末屯兵盜各寢衣冠遺骸皆化爲烏有惟昭寢
僅存由昭能修德以守國而靖不能貽謀以裕後也
恭楚藩本　　　　　張鴷

爲採塚懸尸籲天法究事臣嘗讀易首出庶物萬國咸寧
未嘗不畢然高望而遠志焉今逢皇上纘承大統洪仁遍
敷四海慶幸僉曰堯舜在上如春舒和湯武登朝無一冤
枉信矣茲有奇慘不敢上聞有煩聖聽然不得不陳者天
潢之宗枝也不忍不陳者一本之骨肉今臣祖張璞爲先
朝骨鯁之臣死於宦臣劉瑾之手我皇上天聰所洞悉也
蒙賜遺骸歸葬於江夏東祖塋靈泉天馬峯山下已有年矣

慘遭楚府王宗親朱掘塚開棺臣幸撞見枕尸而哭王宗拘鑽至府封門三日錮治至死勒書賣契哀脱奔逃不惜先臣朽骨不留名骴體而叱呼鞭打如同犬馬臣脱命之日呈告巡撫不敢指禍控告撫院不敢惹非只有星夜至京伏罪待誅以哭祈於皇上之前也竊思臣祖曾叨監察御史亦屬方面非有大故何得掘塚開棺至此田地臣至安陸獲覩恩詔撫惜先臣清忠皇庄利弊安陸三尺小兒無不感激皇爺此雖童謡可彰彜典如臣祖有罪應蒙皇上治罪况臣祖罪不至於開棺愚不至於掘塚而何至

一百〇六

暴尸還葬若是之甚也事屬激切慘極籲天一字一虛浮願甘寸裂伏乞皇上深恩厚德速賜審處保全先臣一塚勝造七級浮圖萬世瞻仰人鬼頂戴臣戰兢上呈

嘉靖批如再搖張姓塚開棺還葬者照前例處斬

再奈楚藩本　張谿

為遵旨故極痛哭陳情事上年聖旨勅諭楚府如有再搖張姓塚開棺還葬者照前例處斬臣族不勝頂以為獲全餘骨皆得我皇上生成再造之恩也詎料楚王貴宗朱三人等與極先朝祭酒臣張輅之墓喚石匠王成鑿洗三

日臣始得匍匐至靈泉祖塋見棺開袍帶依然面目如
生臣不禁魂飛天上魄入地府控告無門矣只得跪泣王
宗反爲僕婢杻打落一齒面皮皆穿臣泣告撫按兩院默默
不言但云世間至大莫過皇親國戚天下莫敵惟有王子
王孫汝豈不知之乎臣伏思皇親雖大莫大於朝廷王子
雖難敵尤難敵於國家律法是以情激心傷奔陳天聽杳
彰乾斷飛勑宗藩保全亡骨雖死之日如生之年不然屍
大難掉生靈受害將城狐社鼠近在蕭墻他日必屢宵旰
之憂也竊思皇恩浩蕩四海已無冤民聖澤洋溢天府率

多悍宗如此行狀有梗造化則去年聖旨成為故紙已

律法竟是空談怨臣愚蒙冒死直陳伏乞聖明睿鑒不勝

悚慄戰兢之至

嘉靖批慟根無據着三法司將

犯法三人拘來親訊杖斃

李氏廿家叩閽案

李瑋

為殲詒粉家冒死陳情事臣籍江夏靈泉山有祖墳山一

段坐落保安里土名九峯先世遠祖李鄘字建侯由唐天

寶末年舉進士官拜平章以太子太保致仕卒年八十朝

廷賜葬九峯者存數上李邕李善李暄合計四塚豐碑高

集 臣 一百八

一百〇八

塹石馬翁仲鑿鑿可據歷今九朝千百餘年矣於前歲九
月內慘遭楚府王朱圖謀風水起掘四塚深至丈餘棄棺
拋尸奇遭不測臣兄李[illegible]叩閽蒙聖恩許其照舊安葬是
洪恩所覃上通九霄下徹黃泉矣今又於本年二月約同
茶鹽二商出銀數千斤鳩集工匠將山鑿為平地建為佛
寺請旨勅賜永為施主從嬙詐又抄滅臣家先父部堂圖
氣身故臣思上年聖恩既許照舊安葬則今日之滅族抄
家恐非皇上本意是以奔訴闕下無瀆天聰如果出自聖
裁死亦甘心倘聖恩寬宥赦臣不死則為詔獄君罪[illegible]

歸專候聖旨死罪死罪為此牘陳

陳道

一百〇乙

沙湖地形畧圖

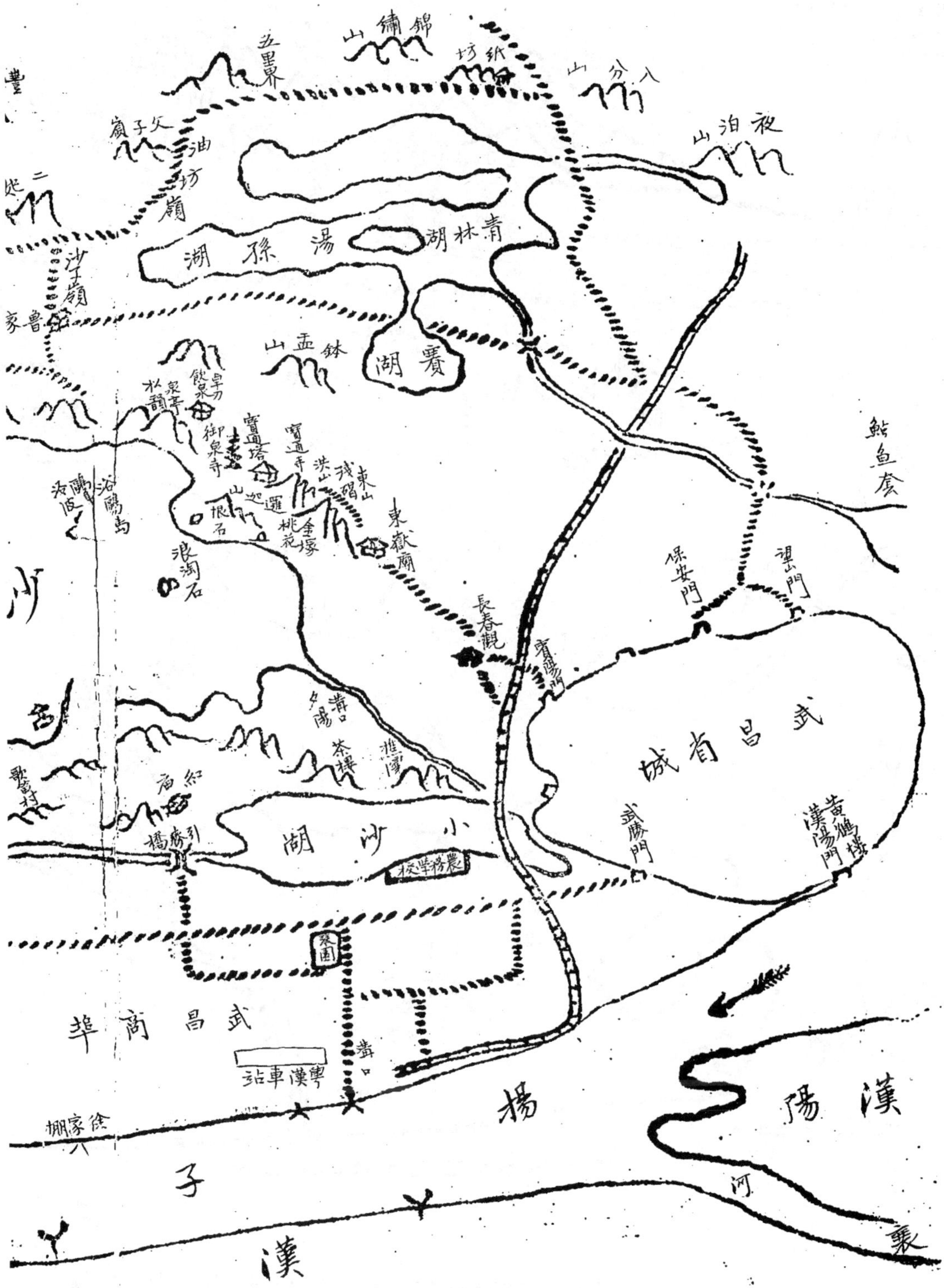
錦繡山
紙坊
八分山
夜泊山
五里界
青林湖
湯孫湖
賽湖
缽盂山
沙子嶺
魯家
東嶽廟
長春觀
保安門
望山門
武昌省城
武勝門
黃鶴樓
漢陽門
小沙湖
農務學校
武昌商埠
粵漢車站
揚
子
漢
漢陽
河
鮎魚套
浪淘石
寶通寺
洪山
卓刀泉
御泉寺
賓陽門
茶樓
紅廟
徐家棚

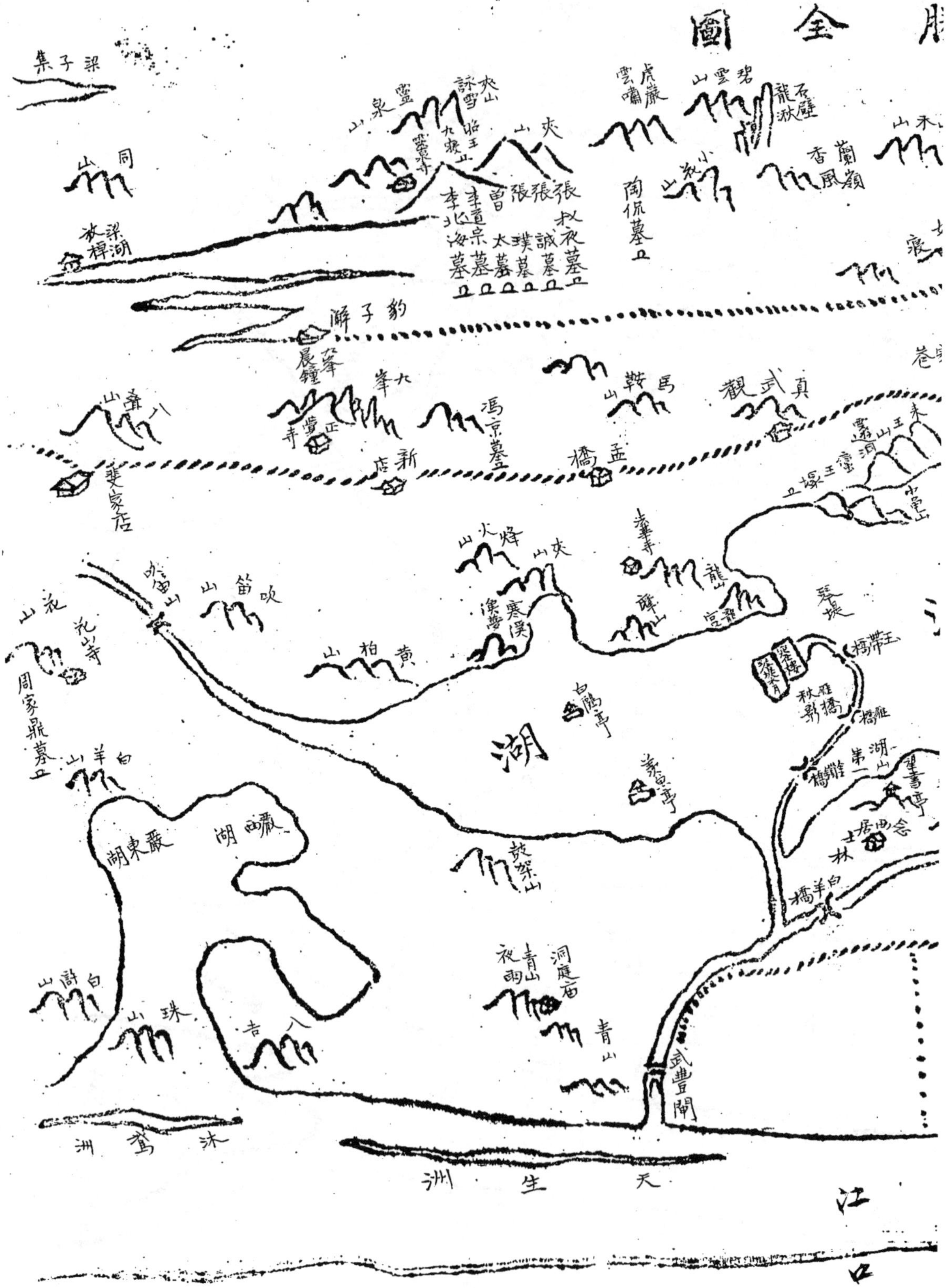
勝全圖
集子梁
同山
靈泉山
夾山
碧雲山
陶侃墓
豹子澥
九峰
馮京墓
馬鞍山
真武觀
孟橋
新店
吹笛山
黃柏山
烽火山
夾山
湖
白鷗亭
羨魚亭
花山
周家鼎墓
白羊山
嚴西湖
嚴東湖
鼓架山
珠山
青山
武豐閘
沐鵞洲
天生洲
江口
白羊橋